D1734513

Gert Schilling (Hrsg.)

80 Spiele fürs Live-Online-Training

Von der Aktivierung bis zur Interaktion mit Tiefgang: Lebendige, sofort umsetzbare Übungen für virtuelle Lernformate

managerSeminare Verlags GmbH – Edition Training aktuell

Gert Schilling (Hrsg.)
80 Spiele fürs Live-Online-Training
Von der Aktivierung bis zur Interaktion mit Tiefgang: Lebendige, sofort
umsetzbare Übungen für virtuelle Lernformate

© 2021 managerSeminare Verlags GmbH
Endenicher Str. 41, D-53115 Bonn
Tel: 0228-977910, Fax: 0228-616164
info@managerseminare.de
www.managerseminare.de/shop

ISBN: 978-3-95891-085-0

Herausgeber der Edition Training aktuell: Ralf Muskatewitz, Jürgen Graf, Nicole Bußmann

Lektorat, Satz: Jürgen Graf, Ralf Muskatewitz
Grafiken: Sonja Buske
Coverabbildung: sorbetto/istockphoto
Druck: Eberl & Kœsel GmbH & Co. KG, Krugzell

Klimaneutral
Druckprodukt
ClimatePartner.com/12027-2101-1016

Inhaltsverzeichnis

Kategorie B:
Lernspiele mit Hintergrund 88

Kategorie C:
Lernspiele mit höherem Aufwand **172**

„Wir sind doch nicht zum Spielen hier. Ich dachte, wir lernen etwas!" – Widerspricht sich das etwa? Nein, Spielen und Lernen bzw. spielerisch zu lernen sind kein Widerspruch! Und das gilt selbstverständlich auch für das digitale Lernen. Von daher:

Willkommen zu aktivierenden Online-Seminarspielen!

Viele engagierte Kolleginnen und Kollegen haben in den vergangenen Monaten ihre Spiele und Methoden zusammengetragen, die entweder ausschließlich online wirken oder auf bekannten Präsenz-Spielen basieren und durch Veränderung und Anpassung „online-tauglich" gemacht wurden.

So können wir Ihnen in diesem Buch eine bunte Sammlung an Kennenlern-, Auflockerungs-, Namens-, Feedback- und Interaktionsspielen präsentieren, mit denen Sie Ihre Live-Online-Trainings fortan noch lebendiger, pfiffiger und abwechslungsreicher gestalten können. Fühlen Sie sich eingeladen, diese Spiele für Ihre Lernsituationen auszuwählen und sie entsprechend zu variieren.

Ich wünsche Ihnen viel Spaß beim Stöbern und anregenden Einsatz mit Ihren Teilnehmenden. Los geht's!

Gert Schilling

Download-Ressourcen: Zu einigen Spielen gibt es Vorlagen und Arbeitshilfen sowie eine Linkliste zu weiterführenden Quellen. Das nebenstehende Icon weist darauf hin. Über den folgenden Link haben Sie Zugriff:

www.managerseminare.de/tmdl/b,280611

Vorab: Gut zu wissen!

Welche Spiele finden Sie in diesem Buch? Die Auswahl konzentriert sich auf Spiele, die Sie gut und ohne großen Aufwand in Ihre Live-Online-Trainings integrieren können. Vorab und um Missverständnisse zu vermeiden, hier noch einige Hinweise und Erläuterungen zu häufig gestellten Fragen im Zusammenhang mit dem digitalen Lernen.

Was bedeutet „Live-Online"?

Sie nutzen eine Online-Plattform, bei der Sie mit den Teilnehmenden über Live-Videobilder, Chat oder digitale Pinnwand-Funktionen in Kontakt treten. Alles, was passiert, geschieht gerade jetzt. Es läuft keine Aufzeichnung ab, die „nur" angesehen wird, vielmehr ist direkte Kommunikation unter den Beteiligten möglich.

Synchrones und/oder asynchrones Lernen?

Beides ist gut, hilfreich und wichtig und sollte folglich Bestandteil Ihrer Online-Trainings und -Seminare sein:

› Sie interagieren mit Ihren Teilnehmenden in einem Online-Meeting. Es wird diskutiert, gechattet und in Kleingruppen auf einem digitalen Board gearbeitet. Ergo: Sie haben eine **synchrone** Lernumgebung geschaffen.
› Bis zum nächsten Follow-up-Termin erhalten Ihre Teilnehmenden den Auftrag, zwei von Ihnen vorbereiteten Videos anzuschauen, eine PDF durchzulesen und ein Arbeitsblatt auszufüllen, welches Sie als Word-Dokument zur Verfügung stellen. Die Teilnehmenden können dies machen, „wann sie wollen". Das Lernen ist **asynchron**.

Was muss (m)eine Online-Plattform können?

Mittlerweile gibt es unzählige Online-Lern- und Meeting-Plattformen. Je nach geschichtlichem Ursprung sind diese eher für asynchrones oder synchrones Lernen ausgelegt:

› Plattformen, die für asynchrones Lernen entwickelt wurden, machen den Lernenden Inhalte leicht und zeitflexibel in Form von Dokumenten, Videos oder Selbstlernaufgaben zugänglich.
› Plattformen, die ihren Ursprung im Online-Meeting haben, bieten mehr Möglichkeiten zu Live-Online-Interaktionen. Hier können sich die Teilnehmenden sehen, in kommunikativen Austausch treten und gemeinsam Dokumente, Präsentationen und Bilder anschauen.

Folgenden Anforderungen sollte die digitale Plattform für Live-Online-Seminare genügen:

› Alle TN können **Sie als Seminarleiter/in** sehen und hören.
› Alle TN können **sich gegenseitig** sehen und hören. Manchmal wird dies durch das Programm beschränkt, da es nur eine bestimmte Anzahl aktiver Teilnehmender zulässt. Gibt es viele Teilnehmende, passen die Videobilder nicht alle gleichzeitig auf den Bildschirm.

› **Chat:** Die Chatfunktion ist meist ein grundlegender Bestandteil jeder Plattform. Ist hier auch ein privater Chat möglich, können Sie oder einzelne Teilnehmende auch persönliche Nachrichten in den Chat schreiben und ausgewählt zukommen lassen.
› **Digitales Whiteboard:** Es ist so gut wie immer vorhanden. Die Whiteboards unterscheiden sich im Umfang der Möglichkeiten. Haben alle TN gleichzeitig Zugriff? Welche Farben, Stifte und Textfunktionen bieten sich an?
› **Collaboration-Tools:** Eine digitale Pinnwand geht über die Funktionalität des Whiteboards weit hinaus. Hier kann gemeinsam auf einer visualisierten digitalen Fläche gearbeitet werden. Digitale Haftnotizen, Dokumente, Zeichnungen und Bilder können eingestellt werden und Korrekturschleifen sind durchführbar.

› **Digitale Kleingruppenräume:** Ob Breakout-Session, Pausenraum, Gruppenraum oder Teilmeeting genannt – immer ist das Gleiche gemeint: Die Meeting-Plattform ermöglicht es, Kleingruppen zu bilden und sie in einzelne Räume zu senden.

Spielen Sie mit Sinn und Themenbezug

Hat das Spiel einen Bezug zum Thema oder wird es in einer Seminarphase sinnvoll eingesetzt, ist das die beste Motivation für die Teilnehmenden. Erklären Sie immer den Themenbezug, denn desto eher sind die Teilnehmenden bereit, sich auf das Spiel einzulassen. Gehen Sie nicht davon aus, dass der Themenbezug erkannt wird, sobald Sie den Namen des Spiels genannt haben. Einige kurze klärende Worte reichen aus: „Bei der nächsten Übung ist Reaktionsvermögen und Teamarbeit gefordert, außerdem eine Portion vorausschauendes Handeln. Das sind Eigenschaften, die Sie auch als Projektleiter benötigen."

Wenn Sie ein Auflockerungs- oder Aktivierungsspiel nach der Pause durchführen wollen, steigert eine Erläuterung die Motivation: „Um nach der Mittagspause wieder lebendig einzusteigen, habe ich eine Übung mitgebracht, bei der, so heißt es, linke und rechte Gehirnhälfte aktiviert werden. Sie sind herzlich eingeladen, diese Erfahrung zu teilen."

Oder: „Ich habe eine Übung für Sie, die nach unserem bisherigen Online-Seminartag die Augen entspannt. Das ist eine Übung, die Sie auch in Ihrem Büroalltag gut durchführen können."

Wie viele Spiele pro Seminar sind sinnvoll?

Macht's die Menge? Oder doch Qualität vor Quantität? Meine Erfahrung: Lieber wenige Spiele gezielt einsetzen, als viele Spiele sinnlos verbraten. Fangen Sie mit Ihren Seminarspielen dosiert an. Wie viele Seminarspiele Sie dann im Laufe des Seminars einsetzen, hängt von Ihren Erfahrungen mit der Seminargruppe ab. Wie viel Lust haben die Teilnehmenden? Wie viel Lust haben Sie selbst? Hier gilt: lieber ein Spiel am Tag wirkungsvoll in den Seminarinhalt integrieren, anstatt viele zusammenhanglose Aktionen einzuleiten.

Wie lange dauert ein Spiel?

Das kommt darauf an. Es gibt Spiele, die mehr Zeit in Anspruch nehmen, und solche, die in 5 Minuten gespielt sind. Zu allen Spielbeschreibungen gibt es daher einen Hinweis zur Spieldauer. Die Frage ist allerdings eher: „Wann beende ich ein Spiel?" Verlassen Sie sich auf Ihr Gefühl. Hier gilt die bekannte Regel: „Aufhören, wenn es am schönsten ist."

Es ist ein Spiel – aber nennen Sie es ruhig anders ;-)

Noch ein Tipp, wie Sie Ihre Teilnehmenden zum Spiel motivieren können: Geben Sie dem Spiel einen anderen Namen. Spielen hat in manchen Zusammenhängen den Ruf, nicht ernsthaft genug zu sein: „Wir spielen hier doch nicht!" Lösen Sie das Problem, indem Sie das Spiel „Experiment", „Versuch" oder „Aufgabe" nennen. Negative Assoziationen werden so vermieden und Neugier geweckt.

Mit meinen Teilnehmenden kann ich das nicht machen ...

„Das ist ja alles ganz nett und vernünftig mit den Spielen, aber mit meinen Seminargruppen kann ich das nicht machen", wird hin und wieder von Seminarleitern geäußert. Und warum können Sie das ausgerechnet mit Ihrer Seminargruppe nicht machen? „Das sind Führungskräfte, die machen so was nicht mit.", „Das sind Ältere/Jüngere, die haben von so etwas genug." Oder: „Das sind Auszubildende, die haben zu so was keine Lust." Mein Tipp dazu: Gehen Sie ohne „Vorurteile" in jede Gruppe. Denn vermutlich haben Sie auch schon die Erfahrung gemacht, dass Sie genau bei den Gruppen, bei denen Sie dachten „Oha, da wirst du es mit einem Spielvorschlag aber schwer haben", auf begeisterte Spielerinnen und Spieler getroffen sind. Deshalb bin ich dazu übergegangen, bei jeder Gruppe Spielbegeisterung vorauszusetzen.

Lassen Sie die Teilnehmenden Ihre Spielbegeisterung spüren – so geht's

Geben Sie Ihre eigene Spielbegeisterung weiter. Wenn Sie ein Spiel im Seminar einsetzen, sollten Sie selbst von dem Spiel überzeugt sein und Spaß daran haben. Tragen Sie den Spielvorschlag und die Spielanregung selbstsicher und motivierend vor. Vermeiden Sie negative Aussagen wie: „Ich habe ein kleines Spiel mitgebracht. Wir müssen das natürlich nicht machen. Wäre nur ein Versuch. Meinen Sie, wir sollten das machen?" Eine Formulierung wie: „Ich habe Ihnen eine interessante Aufgabe mitgebracht, bei der Sie ein Geheimnis über sich entdecken können. Ich bitte Sie, dazu schon mal das Chatfenster zu öffnen", klingt da motivierender.

Ich schlage Ihnen die folgenden fünf Schritte zur teilnehmermotivierenden Durchführung eines Spiels vor:

1. Kurz den Hintergrund des Spiels erklären
2. Mit dem Spiel beginnen
3. Detailerläuterungen zum Ablauf des Spiels geben
4. Spiel durchführen
5. Das Spiel reflektieren

Schritt 1: Erklären Sie kurz den Hintergrund des Spiels und machen Sie neugierig. „Ich habe Ihnen hier ein kleines Experiment mitgebracht. Man erzählt, es würde beide Gehirnhälften aktivieren. Natürlich hat es auch mit unserem Seminarthema ‚Kommunikationstraining' zu tun." Der Hintergrund des Spiels ist erläutert.

Schritt 2: Jetzt heißt es, in das Spiel einzusteigen, ohne das ganze Spiel zu erklären. Gehen Sie einfach den ersten Schritt, zum Beispiel so: „Nehmen Sie bitte alle mal ein Blatt Papier und einen Stift zur Hand", „Öffnen Sie den Chat" oder „Suchen Sie einen grünen Gegenstand in Ihrer Umgebung".

Schritt 3: Erläutern Sie genau die weitere Vorgehensweise. Hier ist es wichtig, dass alle den Ablauf verstehen. Erklären Sie klar und eindeutig den weiteren Spielverlauf. Die Erklärungen sollten dabei nicht zu kompliziert sein. Eine zusätzliche Visualisierung, ein Beispiel oder Muster sind oft hilfreich.

Schritt 4: Jetzt geht es los. Mit einem klaren Startimpuls starten Sie das Spiel. Wenn es sich „nur" um eine Auflockerung handelt, ist das Spiel danach zu Ende und Sie setzen Ihr Seminar mit der gewonnenen Energie fort.

Schritt 5: Je nach Spiel schließt sich eine Reflexionsphase an. Der Bezug zum Seminarthema wird hergestellt und die Erfahrungen werden ausgewertet.

Vorteile von Spielen im Seminareinsatz

Lernen erfolgt nicht nur auf der kognitiven Ebene. Dinge werden leichter behalten, wenn sie mit emotionalen Erlebnissen verknüpft werden. Wir können uns erinnern, weil wir damals so gelacht, uns angestrengt oder gefreut haben. Gerade wenn das Lernziel nicht nur auf Faktenwissen, sondern auch auf Einstellungsveränderungen, Verhaltenskorrekturen und Erfahrungsgewinn ausgerichtet ist, kommt man

mit einem reinen „Folienvortrag" als Dozent nicht sehr weit.

In einem intensiven Lernspiel werden „echte" Gefühle ausgelöst. Die Teilnehmenden freuen sich über den Erfolg, wetteifern um die schnellste Reaktion oder knobeln an einem Rätsel. Viele Spiele dienen der Auflockerung und ermöglichen den Teilnehmenden, nach einer intensiven Arbeitsphase neue Kraft zu tanken, um wieder konzentriert in das Thema einzusteigen.

Ein Spiel bleibt ein Spiel. Wenn es Freude gemacht hat und einige Teilnehmende mit einem „Aha-Erlebnis" vor dem Bildschirm sitzen, war es ein Erfolg und die Vorbereitung und der Einsatz des Spiels haben sich gelohnt.

In diesem Sinne wünsche ich Ihnen und allen Mitspielenden: Viel Spaß!

Die Spielkategorien

Als leidenschaftlicher Wanderer in den Alpen bin ich auch in sogenannten Klettersteigen unterwegs. Klettersteige sind mit Seilen gesicherte Kletterrouten. Zur Orientierung, was da so auf einen zukommt, gibt es eine Schwierigkeitsskala. A bedeutet, es ist eine sehr leichte Tour und mit Grunderfahrung lässig zu gehen. Bei B wird es schon etwas kniffeliger. Die Tour kann auch mal länger werden und man sollte einigermaßen schwindelfrei sein. Bei C werden Sicherungsgurt, Helm und alpine Erfahrung dringend empfohlen. Vielleicht gibt es auch einen Überhang, der deutlich mehr an Armkraft erfordert.

Und so sind unsere Spiele eingeteilt:

› **A-Spiele** sind **Auflockerungsspiele**, die kurze Zeit in Anspruch nehmen und meist keinen allzu gewichtigen „Hintergrund" haben. Ziel dieser Spiele ist es, einen kurzen „Break" zu machen, Energie zu tanken und in Bewegung zu kommen. Die Zeitdauer beträgt in der Regel 2 bis 7 Minuten.

› **B-Spiele** sind **Lernspiele mit Hintergrund**. Diese Spiele beinhalten ein Lern- und Aha-Erlebnis für die Teilnehmenden. Ein Bezug zum Seminarthema wird hergestellt. Die Spiele sind mit einer Auflockerung verbunden, gehen jedoch darüber hinaus. Die Zeitdauer beträgt in der Regel 5 bis 20 Minuten.

› **C-Spiele** sind **Seminar-Lernspiele mit höherem Aufwand**. Sie sind wesentlicher Bestandteil des Seminars und klar mit Lerninhalten und Lernzielen verknüpft. Sie dienen der Auseinandersetzung der Teilnehmenden mit den Seminarinhalten auf belebende und motivierende Weise. Die Zeitdauer beträgt in der Regel 20 Minuten und mehr.

Natürlich sind hier, genauso wie bei der Einteilung der Klettersteige, die Grenzen fließend. Was die eine als B-Spiel einordnet, kann für den anderen schon ein C-Spiel sein.

Auflockerungsspiele

Auflockerung	Bewegung	Kennenlernen	Kooperation	Interaktion	Feedback	Seminar-/Themeneinstieg	Wiederholung	Reflexion	Abschluss/Transfer	
x	x									In sechs Stufen kommt Bewegung und Aktivität in Ihr Online-Seminar
		x				x				Namenlernen fehlerleicht gemacht in der Vorstellungsrunde
x	x						x			Alle Teilnehmenden möglichst schnell in Bewegung bringen
x	x			x				x		Warm-up-Spiel als Vorübung für kreative Ideen
x										Nach langem Blick auf den Bildschirm gönnen Sie den Augen der TN eine Pause
x			x	x		x		x		Eine scheinbar einfache Aufgabe stellt sich als knifflig heraus
				x			x	x	x	Wiederholen des Gelernten auf spielerische Art
					x	x				Einfache Statistikabfrage mit Aktion und ohne zusätzliches Online-Tool
x	x	x					x	x		Aktivier mit Papier!
x	x									Energie und gemeinsames Lachen finden
x	x									Flottes Verkleiden zu munterer Musik für ein unterhaltsames Gesamtbild
x			x							Dynamisch und erfinderisch in Bewegung kommen
x	x									Temporeiche Aktivierung mit vorhandenen Dingen der Teilnehmenden
x	x								x	Ein eingefrorenes Bild bringt Auflockerung und Unterhaltung
x		x				x				Visuell unterstützte Vorstellungsrunde
x	x		x	x						Virtuell mit Handgesten gegeneinander und miteinander spielen – wer gewinnt?
x		x		x						Anfangs lustig, entwickelt sich das Spiel zu einer fesselnden Teamaufgabe
x	x			x						Kreative Auflockerung und Bewegung im Zusammenspiel
x	x			x		x				Berührende Kommunikation trotz räumlicher Entfernung
		x				x	x			Kurzweilige Runden mit dem Faktor Zufall
x					x				x	Mit Wettersymbolen machen die Teilnehmenden ihre Stimmung transparent
x	x			x						Mit einer einprägsamen Geschichte in die körperliche Aktion kommen
x	x			x						Konzentration, Aktion und Aha-Effekte mit Zählspielen
x	x									Eine kurze Auflockerung mit dem Zufall verknüpfen

6 Spannungsstufen

In sechs Stufen kommt Bewegung und Aktivität in Ihr Online-Seminar

Caroline Winning

Organisation

Anzahl: 2 TN bis unbegrenzt

Zeitbedarf: 10 Minuten

Material: Keines

Vorbereitung: Keine

Effekt

› Auflockerung
› Bewegung und Spaß
› Vertiefung der Körperwahrnehmung
› Bewusstwerdung über Zusammenhang zwischen Körper, Gedanken und Gefühle

Anforderung an die digitale Plattform

› Seminarleitung und Teilnehmende sind über Video sichtbar

A

Spielbeschreibung und Ablauf

Bei dieser Übung bewegen sich die TN in sechs unterschiedlichen Spannungsstufen im Raum. Jedem Spannungszustand werden eine Zahl und ein Stichwort zugeordnet, sodass Sie später nur noch die Zahl und das Stichwort rufen müssen, und die TN begeben sich in die jeweilige Spannung.

Zum Start erläutern Sie den TN die sechs Spannungsstufen:

1. Minimale Spannung, du kannst dich kaum auf den Beinen halten.
2. Wenig Spannung, müde oder sehr cool.
3. Normale Spannung, wie spazieren im Park.
4. Etwas mehr Spannung, aber orientierungs- los, du verfolgst ein Ziel, bist aber nicht entschlossen, wohin du gehen sollst, du bist etwas verloren.
5. Deutliche Spannung, zielstrebig, du ver- folgst klar und unbeirrt ein Ziel im Raum.

6. Viel Spannung, hektisch, gestresst – du versuchst viel/alles auf einmal zu erledigen.

Jetzt geht es mit der Bewegung los: „Ich bitte dich, von deinem PC-Stuhl aufzustehen und diesen etwas zur Seite zu schieben. So, dass du dich frei im Raum bewegen kannst. Wenn wir dich über die Kamera im Raum sehen können, ist das gut – aber nicht unbedingt nötig. Wenn du dich freier fühlst, kannst du die Kamera für die Übung auch ausschalten."

Die unterschiedlichen Spannungsstufen werden abwechselnd vorgegeben: „Los geht es mit der Spannungsstufe drei: spazieren gehen." Nach einem Moment wechseln Sie: „Jetzt die Spannungsstufe fünf: zielstrebig."

Für etwas mehr Kick und Bewegung erfolgt der Wechsel der Spannungsstufen auch mal schneller.

Besonderheiten/Anmerkungen

Mit dem Spiel kann zusätzlich der Einfluss von Körperspannung auf Gedanken und Gefühle untersucht werden. Fordern Sie hier die TN dazu auf, ihre Emotionen und Gedanken während der Spannungsstufen zu beobachten. Im Anschluss wird gemeinsam ausgewertet, wie unser Körper bewusst genutzt werden kann, uns in einen anderen Zustand zu bringen.

Variante

Wenn die TN wenig Platz haben und nicht durch den Raum gehen können, können sie sich hinstellen, und der Rest des Körpers begibt sich in die Spannungsstufen. Wenn das nicht geht, können die TN auch sitzen bleiben und nur mit dem Oberkörper die Spannungsstufen nachempfinden.

Lassen Sie, wo immer es möglich ist, die TN aufstehen und sich im Raum bewegen. Neben der Erfahrung der Übung ist Bewegung mit dem ganzen Körper im Online-Seminar immer eine belebende Aktion.

Aktive Anna

Namenlernen fehlerleicht gemacht in der Vorstellungsrunde

Anna Langheiter

Organisation

Anzahl: 4-20 TN

Zeitbedarf: 10-15 Minuten

Material: Keines

Vorbereitung: Eventuell eine Präsentation vorbereiten, auf der die TN-Namen im Kreis angeordnet sind

Effekt

› Kennenlernen
› Lernen, dass Fehler machen erlaubt ist

Anforderung an die digitale Plattform

› Alle Teilnehmenden sind über Video sichtbar.
› Chat

Spielbeschreibung und Ablauf

Die Bildgalerie der einzelnen TN wird bei den meisten Plattformen nicht einheitlich angezeigt. Das Videobild von TN A ist also nicht bei allen übereinstimmend neben TN B angeordnet. Außerdem passiert es, dass sich die Anordnung der Videobilder dynamisch verändert.

Für das Spiel brauchen Sie eine feste Namensreihenfolge. Hierfür können Sie alle TN gleichzeitig ihren Namen in den Chat schreiben lassen. Und schon haben Sie die Namensreihenfolge festgelegt.

Alternativ bestimmen Sie die Reihenfolge: Sie präsentieren ein bereits vorbereitetes Chart, auf dem die Namen der TN kreisförmig (wie bei einem Stuhlkreis) angeordnet stehen. Steht die Reihenfolge der Namen fest, geht es los.

Jede Person sucht ein Adjektiv aus, das mit dem selben Anfangsbuchstaben wie ihr Vorname beginnt und das sie selbst positiv

beschreibt. Wenn alle ein Adjektiv gefunden haben, beginnen Sie als Trainer/in zum Beispiel so: „Ich bin die aktive Anna." Der nächste TN sagt: „Das ist die aktive Anna und ich bin der digitale David." Die dritte Person fängt auch wieder beim Trainer/der Trainerin an, erwähnt alle dazwischen und ergänzt: „Das ist die aktive Anna, das ist der digitale David und ich bin die jubelnde Jule."

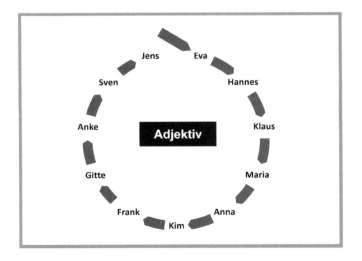

Etwa vier bis fünf Adjektiv-Namen-Kombinationen können sich noch alle TN merken. Dann stoppen Sie und fragen, ob jemand die bisher vorgestellten Namen mit ihren Adjektiven wiederholen kann. Außerdem betonen Sie, dass man im Seminar ist und Fehler machen genau hier erlaubt ist.

Meistens meldet sich jemand und wiederholt die Namen der bisher vorgestellten vier bis fünf Personen. Dann werden die nächsten drei

bis vier vorgestellt. Auch danach fragen Sie, ob jemand in der Gruppe das wiederholen kann. Wer sich nun doch nicht mehr ganz sicher ist, darf sehr gerne die Nachbarn um Hilfe bitten. Das wiederholt sich so lange, bis alle vorgestellt wurden.

Dann fragen Sie die Gruppe, ob es auch jemand in die andere Richtung kann. Selbst jetzt gibt es immer wieder TN, die sich alle anderen mit ihren Attributen merken können. Wenn nicht: Hurra! Fehler machen ist erlaubt und um Hilfe bitten ist genau das, was wir in diesem Seminarraum haben wollen: Hier ist ein Platz zum Lernen.

Wer eine zweite Runde spielen möchte, stellt die Namen der TN in anderer Reihenfolge zusammen. In diesem Fall fragen Sie dann noch mal, ob es jetzt auch noch jemand wiederholen kann.

Besonderheiten/Anmerkungen

Diese Übung eignet sich zum Kennenlernen, zur Etablierung von Fehlerkultur und der Erkenntnis, dass Best-Practice-Sharing wichtig ist.

Variante

Statt des Adjektivs kann die Übung auch mit einer Bewegung der TN vor dem Bildschirm gemacht werden. Dazu stehen alle auf, gehen weit genug von der Videokamera weg, sodass die Bewegung gut sichtbar ist, und führen die individuelle Bewegung aus.

Alle Vögel fliegen hoch

Alle Teilnehmenden möglichst schnell in Bewegung bringen

Janine Domnick

Organisation

Anzahl: 2 TN bis unbegrenzt

Zeitbedarf: 5 Minuten

Material: Keines

Vorbereitung: Keine

Effekt

› Auflockerung
› Bewegung
› Wiederholung (bei Variation)
› Inhalte wiederholen (bei Variation)

Anforderung an die digitale Plattform

› Das Videobild der Teilnehmenden ist für alle sichtbar.

Spielbeschreibung und Ablauf

Alle TN haben ihr Videobild angeschaltet und stellen sich vor ihre Endgeräte. Es ist nicht schlimm, wenn sie durch die Perspektive nicht ganz zu sehen sind. Nun erklären Sie die Übung: „Wir spielen jetzt eine Runde das bekannte Kinderspiel: ‚Alle Vögel fliegen hoch.' Dabei gibt es gesonderte Regeln für unser virtuelles Format: Ich werde jetzt einzelne Gegenstände, Dinge, Lebewesen benennen. Wenn es auf sie zutrifft, dass sie fliegen können, ist alles super. Sie reißen mit mir gemeinsam die Arme in die Luft. Falls es jedoch nicht stimmt und ich zum Beispiel sage ‚Alle Laptops fliegen hoch', haben Sie die Aufgabe, möglichst schnell vor der Kamera zu verschwinden. Sie dürfen nicht mehr sichtbar sein. Es ist egal, ob Sie zur Seite springen, sich ducken oder sich etwas ganz anderes einfallen lassen. Hauptsache der Bildschirm ist möglichst schnell leer. Wir probieren das einmal im Trockenen aus. Auf drei versuchen Sie, möglichst schnell vor der Kamera zu verschwinden: 1, 2, 3."

Nachdem alle TN es einmal ausprobiert haben, geht es los. Sie beginnen jedes Mal mit dem Satz: „Alle (xxx) fliegen hoch." Es gibt zwei Möglichkeiten, wie im Anschluss verfahren werden kann:

A

Möglichkeit A: Sie leiten das Spiel die ganze Zeit an und sprechen alle Sätze. Vorteil: Das Spiel geht fix und flüssig – super geeignet für eine schnelle Aktivierung zwischendurch.

Möglichkeit B: Diejenige Person, die als Letzte vor der Kamera zu sehen ist, wird neuer Spielleiter und formuliert eigene Sätze. Vorteil: Es ist ein größerer Ansporn, bloß nicht die letzte Person zu werden. Dies dauert allerdings etwas länger.

Besonderheiten/Anmerkungen

Wichtig ist, immer wieder zu betonen, dass es hier um eine spielerische Aktivierung geht. Es kann vorkommen, dass bei jemand die Internetverbindung instabil ist und es für die anderen aussieht, als würde er „langsamer" vor der Kamera verschwinden. Deswegen sollte es bei dem Spiel auch keinen Gewinner geben. Der Spaß und die körperliche Aktivierung stehen hier an erster Stelle.

Variante

Mehr inhaltliche Tiefe gewünscht? Dann kann dieses Spiel auch in Form einer inhaltlichen Wiederholung gespielt werden. Dazu notieren sich die TN vor dem Spiel 4-5 Sätze mit Inhalten aus dem Seminar. Diese Sätze können die Wahrheit aussagen oder falsch sein. Zum Beispiel:

› „Paul Watzlawick hat das 4-Ohren-Modell entwickelt."
› „Das Eisbergmodell unterscheidet zwischen der Beziehungs- und Sachebene."
› „Die Eisenhower-Matrix beinhaltet A-, B-, C- und D-Aufgaben."

Wichtig hierbei ist, dass es Sätze sind, die ganz eindeutig mit Richtig oder Falsch eingeschätzt werden können, also reine Fakten und keine Meinungsbilder darstellen. Persönliche Statements wie: „Online-Seminare machen Spaß" sind für diese Aktivierung ungeeignet.

Nun wird das Spiel wie beschrieben gespielt, wobei immer die „langsamste" Person zum Spielleiter wird und ihre Aussagen so lange vorliest, bis die nächste Person dran ist. Durch das Vorbereiten der einzelnen Sätze und das schnelle Reagieren auf die Aussagen der anderen erfolgt eine gute Wiederholung der gelernten Inhalte auf aktive Weise.

Assoziationskette

Warm-up-Spiel als Vorübung für kreative Ideen

Melanie Künzl & Fabian Brüggemann

Organisation

Anzahl: 2-5 TN pro Gruppe (mehr bei digitalen Kleingruppenräumen)

Zeitbedarf: 15-20 Minuten

Material: Keines

Vorbereitung: Keine

Effekt

› Auflockerung
› Bewegung
› Interaktion

Anforderung an die digitale Plattform

› Digitale Kleingruppenräume
› Alle TN müssen gleichzeitig zu sehen sein.
› Es ist hilfreich, wenn sich die TN umbenennen können, z.B. in den Vornamen, sodass eine einfache und klare Benennung durch andere TN möglich ist.

Spielbeschreibung und Ablauf

Sie leiten das Spiel zum Beispiel mit folgenden Worten an: „Die Person mit der größten Schuhgröße beginnt. Sie sagt zuerst den Namen einer anderen Person, gefolgt von einem Wort, z.B.: ‚Mathias – Holz'. Mathias sagt nun den Namen einer weiteren Person und ein Wort, welches er mit Holz assoziiert, z.B.: ‚Simona – Wald'. Dies geht in beliebiger Reihenfolge auf diese Art weiter. Wichtig dabei ist, dass immer nur auf das zuletzt genannte Wort assoziiert wird. Die vorher genannten Wörter sind dabei nicht mehr relevant. Es geht also nicht darum, aus den Wörtern insgesamt eine Geschichte zu formen oder Ähnliches."

Es gibt weitere „Regeln". Sollte eine Person entweder:

> länger als zwei Sekunden brauchen, um ein neues Wort zu finden oder

> vergessen, einen Namen zu sagen oder
> zuerst das Wort und dann den Namen sagen,

reißen alle die Arme hoch und rufen freudig zusammen: „Noch mal!"

Sehr oft ist dies begleitet von großem Gelächter – das „Noch mal!" macht den Kopf wieder frei und schafft eine positive Atmosphäre zu dem vermeintlichen „Fehler". Danach beginnt die Person, die den „Fehler" gemacht hat, eine neue Runde mit einem neuen Wort, das nichts mit der vorherigen Runde zu tun hat.

Besonderheiten/Anmerkungen

Bevor die TN in die digitalen Kleingruppen geschickt werden, sollte das Spielprinzip mit zwei Personen demonstriert werden, sodass die Kombination aus Name und Wort für alle klar ist. Auch kann es hilfreich sein, das „Noch mal!" inklusive Arme hochreißen mit allen zu üben, um die Hemmung davor abzubauen.

Wir spielen es gerne, um von Beginn an eine Atmosphäre zu generieren, in der „Fehler" erlaubt sind, in der Menschen sich erlauben dürfen, neue Dinge auszuprobieren. Das freudige „Noch mal!" als Reaktion auf etwas, das schiefgegangen ist, zieht sich so meist durch das gesamte Seminar.

Auch als Trainer/in kann man wunderbar (ggf. innerlich schmunzelnd) darauf zurückgreifen, wenn man selbst einen Hänger hat.

Dieses Spiel eignet sich sowohl zur Auflockerung als auch zur tieferen Reflexion zum Thema Fehlerkultur und Schlagfertigkeit.

Augen-Yoga

Nach langem Blick auf den Bildschirm gönnen Sie den Augen der TN eine Pause

Janine Domnick

Organisation

Anzahl: Unbegrenzt

Zeitbedarf: 2 Minuten

Material: Keines

Vorbereitung: Keine

 Effekt

› Auflockerung
› Entspannung
› Erholung für bildschirmbeanspruchte Augen
› Kurze Pause zwischendurch

 Anforderung an die digitale Plattform

› Trainer/in mit Video und Ton sichtbar

Spielbeschreibung und Ablauf

Leiten Sie die Übung mit folgenden Worten ein: „Lernen am Bildschirm beansprucht unsere Augen sehr. Grund genug, sich immer wieder Zeit zur Entspannung zu nehmen. Die Augenentspannungsübung, die wir gleich zusammen machen werden, heißt Palmieren."

Dann erklären Sie die nächsten Schritten der Übung und laden die TN ein, mitzumachen. „Beide Handinnenflächen aneinander reiben, bis sie warm werden. Nun formen Sie sie zu einer Mulde und legen Sie auf die geschlossenen Augen." Lassen Sie Ihren TN eine Minute Zeit, diesen angenehmen Zustand zu genießen.

Wenn die Minute verstrichen ist, geben Sie folgende Anweisung: „Ich werde Sie gleich bitten, Ihre Hände von den Augen zu lösen. Behalten Sie Ihre Augen noch für einen Moment geschlossen. Sie werden merken, dass Licht durch Ihre geschlossenen Lider dringt. Geben Sie Ihren Pupillen einen Moment Zeit, sich an

A

das Licht zu gewöhnen." Nach einem Moment der Ruhe öffnen alle TN ihre Augen und es geht entspannt weiter im Online-Seminar.

Besonderheiten/Anmerkungen

Das Augen-Yoga ist super effektiv und wichtig, wenn wir mit Teilnehmenden über mehrere Stunden virtuell zusammenarbeiten. Sie entscheiden, ob Sie das Palmieren, eine der Varianten oder alle nacheinander ausprobieren. Ich empfehle zum Schluss immer noch einmal kurz das Palmieren zu praktizieren. So können sich die Augen nach der Yoga-Einheit wieder gut entspannen und erholen. Namaste ;-)

Tipp: Sie als Trainerin lassen die Kamera die ganze Zeit an und praktizieren die Übungen in der gleichen Intensität und Länge wie Ihre TN. Ihren TN können Sie anbieten, die Kamera auszuschalten, um sich so noch besser auf die Übung fokussieren zu können.

Varianten

Die liegende 8: Die Augen schließen und mit den Augäpfeln eine liegende Acht nachfahren. Wichtig: ganz langsam und behutsam, da sonst ein Schwindelgefühl eintreten kann!

Fokus-Training: Daumen vor das Gesicht halten und ihn mit dem Blick fokussieren. Nun auf etwas schauen, was circa 30 Zentimeter entfernt liegt: ein Stift, Blumen auf der Fensterbank etc. Hier für einen kurzen Augenblick verweilen. Nun aus dem Fenster hinausschauen und etwas fokussieren, was in circa 5 bis 10 Metern Entfernung liegt. Im Anschluss daran bis zum Horizont blicken (unabhängig davon, wie nah oder fern dieser ist). Genauso Schritt für Schritt wieder zurückkommen: zuerst Fokus auf einen Gegenstand in ca. 5 bis 10 Metern, dann ein Meter usw., bis zum Schluss wieder der Daumen vor dem Gesicht betrachtet wird.

6

Bis 20

Eine scheinbar einfache Aufgabe stellt sich als knifflig heraus

Oliver Ferreau

Organisation

Anzahl: 3-20 TN

Zeitbedarf: 10-15 Minuten

Material: Keines

Vorbereitung: Keine

Effekt

> Auflockerung
> Kooperation
> Interaktion
> Seminareinstieg
> Erfahren, wie wichtig koordiniertes Vorgehen ist und was passiert, wenn keine Koordination/Abstimmung/Planung erfolgt
> Thematischer Einstieg in fachliche Themen wie Projektmanagement oder in weiche Themen wie Kommunikation oder Führung

Anforderung an die digitale Plattform

> Audio reicht, mit Video ist es netter

Spielbeschreibung und Ablauf

Ansage: „Zum Einstieg in das Thema Projektmanagement bekommt ihr von mir eine ganz einfache Aufgabe: Wenn ich sage ‚Los', zählt ihr reihum von 1 bis 20. Niemand darf zwei aufeinanderfolgende Zahlen sagen und es darf immer nur eine/r sprechen. Vorab findet keine Planung/Absprache statt. Los!" Vielleicht legt gleich jemand los und sagt „1". Dann fühlen sich auch andere aufgefordert. Spätestens bei der „3" kommt es erfahrungsgemäß zu einer Kollision. Denn so einfach ist die Aufgabe gar nicht.

Sie als Trainer/in schreiten ein, wenn ...
› die TN versuchen, sich abzusprechen,
› jemand zwei aufeinanderfolgende Zahlen sagt,
› mehr als eine Person die nächste Zahl nennt,
› Zahlen nicht in der richtigen Reihenfolge genannt werden.

Besonderheiten/Anmerkungen

Wenn es als thematischer Einstieg in Projektmanagement/ Kommunikation oder Führung gespielt wird, legen Sie nach zwei oder drei Fehlversuchen eine Planungs-/Abstimmungs-/ Koordinationsphase ein.

Gruppen kommen dann beispielsweise auf folgende Ideen:
› Wer etwas sagen will, hebt die Hand. Wenn zwei oder mehr Hände oben sind, nimmt solange jemand die Hand herunter, bis nur eine/r übrig ist. Dann wird erst die nächste Zahl gesprochen.
› Bietet die Plattform die Option, den angezeigten Namen zu ändern, schreiben die TN „ihre" Zahlen ins Namensfeld und koordinieren sich so. Bei 8 TN übernimmt dann jemand 1-9-17 und jemand anderes 2-10-18 usw.

Als Trainer/in lassen Sie es laufen und arbeiten in der Auswertung heraus, was daran hilfreich war und wo die Parallele zum Arbeits-/Projektalltag gezogen werden kann. Gönnen Sie den TN Erfolgserlebnisse.

Varianten

Wenn die Gruppe zu schnell auch ohne Planung und Absprache zum Ziel kommt, wird die Aufgabe zum Beispiel durch Zeitdruck, Ausschalten des Videobildes oder bewusste Irritationsversuche durch Sie gesteigert.

Erklärung mit Tabu-Worten

Wiederholen des Gelernten auf spielerische Art

Eva Ullmann & Katrin Hansmeier

Organisation

Anzahl: 10-20 TN

Zeitbedarf: 5-10 Minuten

Material: Zeitmessgerät, Sanduhr, Eieruhr, Handy-Stoppuhr

Vorbereitung: Begriffe und die dazugehörigen Tabu-Wörter in einem Textdokument vorbereiten, damit diese schnell kopiert und in den Chat eingefügt werden können.

Effekt

› Interaktion
› Wiederholung
› Reflexion
› Abschluss
› Transfer und Festigung des Gelernten

Anforderung an die digitale Plattform

› Man muss sich hören können – sich zu sehen, ist zusätzlich schön.
› Private Chatnachricht an einzelne TN

Spielbeschreibung und Ablauf

Bei dieser Übung werden Begriffe des Webinars erraten. Sie haben im Vorhinein festgelegt, welche Begriffe am wichtigsten sind, z.B. in einem Kommunikationsseminar „spiegeln", „Ich-Botschaften", „Empathie", „4-Ohren-Modell". Diese Begriffe haben Sie in einem Textdokument vorbereitet. Gleich unter dem Begriff stehen die sogenannten Tabu-Wörter. Das sind Begriffe oder Synonyme, die der Erklärende nicht verwenden darf. Zu jedem Begriff notieren Sie 4 bis 5 Tabu-Worte.

Ein Beispiel: Tabu-Worte für Empathie sind Gefühl/e, Einfühlung, Hineinversetzen, andere.

Die TN werden in zwei Gruppen geteilt, die sich jeweils irgend-einen Namen geben. Dieser darf witzig, unwitzig oder was auch immer sein – Hauptsache, die TN haben Spaß dabei, z.B.: „Die scharfen 6" und „Gruppe Rot".

Los geht es mit „Gruppe Rot". Bitten Sie die Mitglieder der anderen Gruppe, ihre Kameras auszuschalten oder abzudecken. Damit liegt der Fokus besser auf der Gruppe. Fritz ist in „Gruppe Rot". Moderieren Sie: „Lieber Fritz, ich werde dir gleich über den privaten Chat eine Nachricht schicken. Diese Nachricht besteht aus 5 Worten. Das erste Wort ist ein Begriff aus unserem

Seminarthema. Das ist der Begriff, den deine Gruppe gleich erraten soll. Du umschreibst dei-ner Gruppe den Begriff und – wichtig! – ohne den Begriff oder Teile davon zu nennen. Au-ßerdem darfst du die 4 anderen Worte aus der Chatnachricht von mir für deine Umschreibung nicht verwenden. Das ist die Herausforderung.

Sollte deine Gruppe den Seminarbegriff inner-halb von 20 Sekunden erraten, bekommt ihr einen Punkt. Dauert es länger oder verwendest du einen der Tabu-Begriffe, bekommt das andere Team den Punkt."

Wenn die Regeln klar sind, schicken Sie Fritz das Datenpaket zu und es geht los. Dann wird die Gruppe gewechselt. Beide Gruppen bekommen gleich viele Begriffe, die erraten werden sollen. Für die Zeitbegrenzung kann eine Sanduhr, Eieruhr oder die Handy-Stoppuhr verwendet werden. Bei großen Gruppen erhalten nur einzelne TN einen Begriff zum Erklären. Bei kleineren Gruppen können Sie auch für jeden TN mehrere Begriffe vorbereiten. Logisch: Die Gruppe, die die meisten Begriffe errät, hat gewonnen.

Besonderheiten/Anmerkungen

Die Übung ist eine wunderbare Reflexion und Wiederholung der behandelten Themen auf eine witzige Art. Jeder beschreibt in eigenen Worten, was er verstanden hat. Gerade bei ernsten oder eher trockenen Themen wie „Arbeitssicherheit" oder bei sehr komplexen Inhalten ist dies eine effektive Methode.

Man kann auch die Gruppennamen weglassen, wenn man es etwas „ernster" haben will. Seien Sie nicht zu streng, wenn Tabu-Worte verwendet werden. Sie kennen ja, zusammen mit den Erklärenden, als Einzige/r die Tabu-Worte.

Dieses Spiel ist auch eine wunderbare Vorbereitung für die Sie als Trainer/in, um sich genau zu überlegen, was gelernt werden soll.

Variante

Anstelle der Zeitbegrenzung pro Begriff können Sie beispielsweise auch 3 Minuten vorgeben und so viele Begriffe erklären lassen, wie in dieser Zeit von der Gruppe erraten werden können. Voraussetzung: Sie haben genügend Begriffe vorbereitet und sind schnell beim Kopieren und Einfügen. Hilfreiche Tastenkombination: STRG C und STRG V.

Finger-drauf-Statistik

Einfache Statistikabfrage mit Aktion und ohne zusätzliches Online-Tool

Andrea Rawanschad & Heidrun Künzel

Organisation

Anzahl: unbegrenzt

Zeitbedarf: 1-5 Minuten. Länger, wenn nach den Antworten noch diskutiert oder rückgefragt wird

Material: Evtl. Klebenotiz-Zettel oder farbiger Zettel

Vorbereitung: Gute geschlossene Fragen ausdenken, die die TN mit Ja oder Nein beantworten können

Effekt

> Feedback
> Seminareinstieg
> Stimmungsabfragen
> Interaktive Einstiegsfragen zum Kennenlernen
> Intensiver Austausch je nach Fragen

Anforderung an die digitale Plattform

> Es ist gut, wenn alle TN in der Galerieansicht sind.

Spielbeschreibung und Ablauf

Bitten Sie Ihre TN, die Kamera mit einem Klebenotiz-Zettel ab-zukleben. Alternativ kann mit einem farbigen Zettel abgedeckt werden. Nun ist niemand mehr im virtuellen Raum sichtbar. Alle Bilder leuchten farbig entsprechend der Zettel, da immer ein wenig Licht durch das Papier dringt.

Dann stellen Sie Ihre geschlossenen Fragen. Wer diese mit „Ja!" beantwortet, nimmt den Zettel von der Kamera und macht sich damit wieder sichtbar.

„Wer ist heute mit dem linken Fuß zuerst aufgestanden?", könnte eine solche Frage sein. Ein tiefer gehende Frage könnte sein: „Was meinen Sie, sind wir ein Team? Ja/Nein?"

Je nachdem, welche Fragen Sie stellen, kön-nen Sie dann differenzierter nachfragen oder Diskussionen auslösen.

Besonderheiten/Anmerkungen

Falls keine Zettel zur Hand sind, können die TN auch einfach nur mit dem Finger abdecken. Auch nicht schlecht für die Optik: Das Abde-cken mit dem Finger erzeugt ein leuchtendes Orange.

GeBALLte Online-Power

Aktivier mit Papier!

Steffen Powoden

Organisation

Anzahl: Beliebig, unbegrenzt

Zeitbedarf: Ab 1 Minute (und jederzeit mal kurz zwischendurch)

Material: 1 Blatt Papier

Vorbereitung: Das Wunderbare: Im Normalfall ist keine Vorbereitung nötig, da die Teilnehmer in der Regel ein Blatt Papier am Arbeitsplatz haben sollten. Ansonsten in die Einladung schreiben, dass Papier bereitzulegen ist

Effekt

> Auflockerung
> Bewegung
> Kooperation
> Wiederholung
> Reflexion

Anforderung an die digitale Plattform

Der/die Trainer/in sollte über Video zu sehen sein und es steigert den Effekt, wenn die Teilnehmer sich gegenseitig sehen. Teilnehmer-Ton ist nicht notwendig, es ist jedoch schön, sich eventuell gegenseitig lachen zu hören.

Spielbeschreibung und Ablauf

Sie fordern die TN dazu auf, sich ein Blatt Papier zu nehmen und dieses zu einem Ball zu knüllen. Der Ball wird anschließend mit den Händen durch die Luft befördert und zwar so, dass die Handflächen nach oben zeigen und den Ball wie Badmintonschläger kontinuierlich – Ping, Pong, Ping, Pong – in der Luft halten.

Durch die Unförmigkeit des Papierballes verhält sich der Ball recht unterschiedlich. Er

ist dadurch gar nicht so leicht zu kontrollieren und zieht die Aufmerksamkeit der Teilnehmer sofort an. An sehr viel mehr kann in diesem Moment nicht mehr gedacht werden.

Dabei kann es je nach Zielgruppe und Anlass noch hilfreich sein, die Häufigkeit zu zählen und eventuell „den Sieger zu küren". Der Highscore kann dann immer wieder während des Online-Seminars, z.B. nach Pausen, nach oben geschraubt werden.

Zur Abwechslung ist es möglich, auch mal nur mit einer Hand (zuerst mit der, mit der man üblicherweise wirft – anschließend mit der anderen) zu spielen.

Besonderheiten/Anmerkungen

Durch diese kleine kompakte Übung werden die Teilnehmer ganz schnell aktiviert und kommen mit ihren Gedanken komplett im Hier und Jetzt an. Durch verschiedene Varianten lässt sich diese „unscheinbare" Übung aber auch unglaublich vielseitig im Online-Seminar sinnvoll und verstärkend einbinden.

Das Ganze dient in seiner Grundform als „Energizer" zur reinen Aktivierung. Gleichzeitig kann der geübte Trainer die Übung auch leicht mit Seminarinhalten verbinden, z.B.:

> Die Unberechenbarkeit des Balles können Sie als Metapher für die Unberechenbarkeit von Alltagssituationen heranziehen (obwohl der Ball, wie z.B. der Mitmensch, jedes Mal derselbe ist, so verhält er sich doch jedes Mal anders – was tun wir, um „im Spiel zu bleiben"?).
> Verdeutlichen Sie die möglicherweise unterschiedliche Kompetenz, wenn der Ball nur mit der linken oder rechten Hand durch die Luft befördert wird. Aufgrund des bisherigen Tuns können Sie die unterschiedliche Verteilung und Ausprägung von Talenten und Fähigkeiten aufzeigen.
> Bringen Sie das Herunterfallen des Balles und den emotionalen Umgang damit in Verbindung zum Umgang mit Fehlern oder Problemsituationen (welche Worte und Gedanken kommen einem in den Kopf?).
> Nutzen Sie den möglicherweise initiierten Wettbewerb zwischen den Teilnehmern und den Einfluss von Gewinnen oder Verlieren als Reflexion auf die eigene Gefühlslage (motiviert? demotiviert? indifferent?).

Varianten

Inhaltlich: Bei vielen Online-Methoden werden z.B. Fragen, Antworten oder Icons zu bestimmten Themenstellungen auf Papier geschrieben und in die Kamera gehalten. Dieses Papier kann anschließend zusammengeknüllt und zu „Geballter Online-Power" werden, wenn es inhaltlich „ausgedient hat".

Emotional: Das Zusammenknüllen hat auch einen emotionalen Aspekt, der nicht zu unterschätzen ist, gerade auch, wenn das Papier für etwas Konkretes steht. So könnten bearbeitete Probleme, beantwortete Fragen etc. final (zum Teil mit großer Befriedigung) zusammengeknüllt und als „Geballte Online-Power" durch die Luft gewirbelt werden. So wird das Papier quasi transformiert und hat in der neuen Form vielleicht sogar etwas Leichtes und Unbeschwertes.

Kooperativ: Darüber hinaus kann der Papierball auch wunderbar und auf super humorvolle Weise zur Rededisziplin im digitalen Raum genutzt werden. Die Teilnehmer geben dabei das „Rederecht" in Form des Balles weiter. Durch die Ähnlichkeit des Balles kann optisch ein toller Effekt entstehen: Der Ball wandert anscheinend durch die verschiedenen Videofenster. Und je mehr die Teilnehmer dabei mitspielen, desto größer die Imagination (ähnlich der Übung „Das weiße T-Shirt").

Hello Kitty

Energie und gemeinsames Lachen finden

Hanne Philipp

Organisation

Anzahl: 4-20 TN

Zeitbedarf: 5-15 Min.

Material: Bilder

Vorbereitung: Evtl. 1 Kätzchen- und 1 Welpenbild

Effekt

› Auflockerung
› Bewegung

Anforderung an die digitale Plattform

› Alle Teilnehmer müssen auf einen Blick mit Video sichtbar sein.

A

Spielbeschreibung und Ablauf

Teilen Sie die TN in zwei Gruppen ein, in die „Kitties" und „Puppies". Deutsche Begriffe sind natürlich erlaubt, Katzenbabys und Welpen. Damit alle TN erkennen, wer in welcher Gruppe ist, können Sie dies je nach Möglichkeiten der Plattform unterschiedlich organisieren. Zum Beispiel:

> über die nonverbalen Symbole wie Hand, Stern oder Pfeil,
> über den virtuellen Hintergrund (vorbereitete Fotos für den Hintergrund via Chat teilen),
> mit einem auf eine Haftnotiz gezeichneten Symbol, das sich jeder dann auf Höhe des Schlüsselbeines klebt.

So können sich alle TN über das Videobild schnell und einfach den Gruppen zuordnen.

Erklären Sie das Spiel und den Ablauf: „Liebe Puppies, eure Aufgabe ist es, die Kitties zum Lachen zu bringen. Liebe Kitties, ihr ahnt es schon, euer Ziel ist es, so lange wie möglich ernst zu bleiben."

Je nach Variante können Sie noch Bedingungen definieren: „Ihr Puppies dürft ..." (siehe verschiedene Varianten), Ihr „Kitties dürft ..."

Klar ist: „Sobald ein Kitty gelacht oder geschmunzelt hat, wird es zum Puppy. Gewinner der Runde ist das letzte Kitty". Ziel des Spieles siehe Varianten.

Besonderheiten/Anmerkungen

Es ist lustig zu erleben, dass gerade diejenigen, die das Spiel „doof" finden, oft die ersten sind, die herzlich lachen. Das kann man dann liebevoll aufgreifen. Die Gruppe sollte sich zumindest schon ein bisschen (virtuell) angewärmt haben.

Varianten

Wer gewinnt:
> **Variante 1:** Das letzte Kätzchen ist der Sieger und kriegt Applaus.
> **Variante 2:** Es gibt 2 Runden, nach Runde 1 werden die Rollen getauscht. In jeder Runde wird gestoppt, wie lange es braucht, bis es nur noch 1 Kätzchen gibt. Gewonnen hat dasjenige Team, welches das andere Team schneller in Puppies verwandelt hat.

Weitere Varianten:
> Konzertant oder immer 1 Puppy vs. 1 Kitty
> Spontanes Loslegen oder mit kurzer Strategiebesprechung in Breakout-Sessions
> Interaktion rein nonverbal oder die Puppies dürfen auch sprechen
> Die Kitties sind passiv oder sie dürfen reagieren (verbal/nonverbal)
> Halloween-Variante: Statt Kitties und Puppies gibt es Vampire und Werwölfe, die sich „artgerecht" verhalten, um die Anhänger der jeweiligen anderen Gruppe durch Lachen zu verwandeln.

Jeckenparade

Flottes Verkleiden zu munterer Musik für ein unterhaltsames Gesamtbild

Andrea Rawanschad & Heidrun Künzel

Organisation

Anzahl: unbegrenzt

Zeitbedarf: Maximal 5 Minuten bzw. so lang wie der Song, der an dieser Stelle gespielt wird und so lange, wie es dauert, von allen ein Foto zu machen.

Material: Was jeder vor Ort hat. Je verrückter, desto besser. Das macht die Übung so lustig. Unvorbereitet ist sie am besten.

Vorbereitung: Munteren, lustigen Song raussuchen. Klären: Wie stelle ich sicher, dass ich den Song anspielen kann und meine TN ihn hören.

Effekt

› Auflockerung
› Bewegung
› Kreatives Gruppenbild zum Abschluss
› Spaß, gute Gefühle erzeugen

Anforderung an die digitale Plattform

› Es ist ganz wunderbar, wenn sich auf der gewählten Plattform alle in der Galerieansicht sehen können.
› Übertragung von Musik

Spielbeschreibung und Ablauf

So könnten Sie das Spiel anleiten: „Ich starte gleich einen meiner Lieblingssongs. Der Song dauert genau 4 Minuten und 42 Sekunden. In dieser Zeit haben Sie die Aufgabe, sich von Ihrem Bildschirm zu entfernen und maximal verkleidet wiederzukommen."

Dann spielen Sie für alle über die Freigabe des eigenen Computertons oder auf anderem Wege einen flotten Song vor. Wenn alle wieder da sind, ergibt das ein lustiges Gruppenbild zum Abschluss.

Varianten

> Den TN mehr Zeit einräumen und ein Motto vorgeben – eventuell passend zum Seminarthema.
> Die TN stellen Vermutungen darüber an, wen oder was die einzelnen Mitglieder darstellen. Erst danach geben sie selbst einen kurzen Kommentar.
> Wenn die Videoplattform es zulässt, können die TN ihren Namen passend zum neuen Outfit ändern.

Besonderheiten/Anmerkungen

Beim ersten Mal ist diese kleine Übung auch für Trainer recht verblüffend, weil sie wirklich nur online durchführbar ist. Im Präsenztraining würde sich das schwierig gestalten.

Kollektive Schrottmaschine

Dynamisch und erfinderisch in Bewegung kommen

Yvo Wüest

Organisation

Anzahl: 6 TN bis unbegrenzt

Zeitbedarf: 3-5 Minuten

Material: Alle TN brauchen ein Blatt Papier und einen dicken schwarzen Stift.

Vorbereitung: Weißes A4-Blatt mit dem skizzierten Teil einer großen Maschine

Effekt

› Auflockerung
› Experimentierfreude
› Gemeinsame Interaktion
› Positive Erinnerung an das Treffen

Anforderung an die digitale Plattform

› Galerieansicht aller TN
› Alle TN mit Video und Audio

Spielbeschreibung und Ablauf

Diese Übung wird auch oft für die Anwärmphase im Improvisationstheater und im Lachyoga eingesetzt. Sie als Trainer/in starten mit folgendem Auftrag: „Nehmt ein weißes A4-Blatt und skizziert mit einem dicken schwarzen Stift ein einzelnes Bauteil einer gigantischen, lauten Schrottmaschine, die wir hier gleich im Kollektiv bauen werden."

Anschließend fahren Sie fort: „Überlegt euch ein Geräusch, das zu eurem Bauteil passt und sich endlos wiederholen lässt."

Bitten Sie alle TN, Video und Mikrofon einzuschalten. Beginnen Sie, indem Sie Ihre Zeichnung unterhalb des Gesichts in die Kamera halten und ununterbrochen ein Geräusch produzieren. Die anderen Teilnehmenden fügen sich schrittweise in die sich fortlaufend „konstruierende" Schrottmaschine ein. Bis alle Teilnehmenden Teil der ratternden und lärmenden Maschine sind.

Challenge: Bestimmen Sie eine Person, die die Maschine zu reparieren versucht, in dem sie einzelne TN laut anspricht und mit den drei Kommandos „langsamer", „schneller", „stopp" führt.

Dokumentation: Machen Sie einen Screenshot oder eine kurze Videoaufnahme, wenn die Schrottmaschine in voller Aktion läuft.

Besonderheiten/Anmerkungen

Wenn sich die TN bereits kennen oder mit ähnlichen Aufgaben vertraut sind, kann die Übung auch direkt und ohne Zeichnung gestartet werden.

Varianten

› Die TN dürfen zur Unterstützung der Geräuschkulisse Gerätschaften und Material verwenden, die sich bei ihnen am Arbeitsplatz befinden.

› Die Übung wird eine Spur dynamischer, wenn der Auftrag so formuliert wird, dass alle TN stehen müssen und möglichst viel die Beine und Arme bewegen sollen.

Körperteil auf Farbe

Temporeiche Aktivierung mit vorhandenen Dingen der Teilnehmenden

Anna Langheiter

Organisation

Anzahl: 4-40 TN

Zeitbedarf: 5-7 Minuten

Material: Keines

Vorbereitung: Keine

Effekt

› Auflockerung
› Bewegung
› Spaß
› Etwas aus der eigenen Umgebung zeigen

Anforderung an die digitale Plattform

› Alle Teilnehmenden sind über Video sichtbar.

Spielbeschreibung und Ablauf

Diese Übung können Sie so einleiten: „Sie bekommen gleich den Auftrag von mir, einen Gegenstand in einer speziellen Farbe zu finden. Diesen halten Sie dann an einen Körperteil, den ich ebenfalls benenne. Ich sage beispielsweise: ‚Gelb auf Wange.' Nun geht es darum, möglichst schnell zu sein. Schauen Sie sich um und nehmen Sie den nächstbesten Gegenstand, der die gewünschte Farbe hat – kommen Sie zurück zur Kamera und halten den Gegenstand an den vorgegebenen Körperteil. Ich freue mich auf eine aktive, muntere Runde!" Erklären Sie, dass

Statt Farben können Sie auch Formen (etwas Rundes, etwas Langes) oder Beschaffenheit (etwas Weiches, etwas Spitzes) wählen.

die Person, die als Letzte die Aufgabe gelöst hat, die nächste Runde startet – „Rosa auf Kopf", „Blau an Ellenbogen" und so weiter. Dieser Energizer sorgt für besonders viel Bewegung, wenn auch Knie und Füße ins Spiel gebracht werden.

Besonderheiten/Anmerkungen

Ein anregendes Spiel, um die TN auch nach längerem Sitzen am PC in Bewegung zu bringen. Ich habe die Erfahrung gemacht, dass die Übung einen schönen Einblick in die Materialwelt der Teilnehmenden bietet. Die Übung sorgt für Auflockerung, Tempo, Spaß und gute Laune.

Bei Oliver Redenius & Benjamin Pfeifer im Online-Kontext erlebt – siehe auch Linktipp im **Download**.

Lieblings-Freeze

Ein eingefrorenes Bild bringt Auflockerung und Unterhaltung

Andrea Rawanschad & Heidrun Künzel

Organisation

Anzahl: Unbegrenzt

Zeitbedarf: 5-10 Minuten

Material: Rechner mit Screenshot-Funktion oder Foto-Apparat oder Handy mit guter Fotofunktion

Vorbereitung: Shortcut für Screenshot-Funktion auf dem eigenen Rechner kennen

Effekt

› Auflockerung und Spaß
› Gemeinsame Interaktion
› Lustige Erinnerung an das Treffen, an das Seminar

Anforderung an die digitale Plattform

› Galerieansicht aller Teilnehmenden

Spielbeschreibung und Ablauf

„Wir machen gleich ein Freeze-Foto. Das bedeutet, Sie machen eine kreative und ungewöhnliche Gestik und Mimik. Auf mein Kommando frieren alle gleichzeitig in dieser Position ein. Die Challenge ist, es jetzt für einige Zeit still zu halten – ohne zu lachen!"

Während alle „eingefroren" sind, machen Sie als Trainer/in ein Screenshot in der Galerie-Ansicht.

Varianten

> Challenge: Wer hält am längsten ohne Bewegung/Blinzeln/Lachen durch?
> Hübsche Freezes oder verzerrte mit Mut zur Lächerlichkeit zeigen – je nachdem, wie gut die Gruppe sich kennt und ob/wie das Bildschirmfoto danach weiter verwendet wird.
> Ein Motto für den Freeze vorgeben: entspannt, hektisch, angespannt, verträumt ...

Besonderheiten/Anmerkungen

Aufruf: Mut zu Gesichtsakrobatik und kreativer Gestik! Als Trainer/in sollten Sie hier mit gutem Beispiel vorangehen und es beherzt vormachen.

Meine Stadt

Visuell unterstützte Vorstellungsrunde

Melanie Künzl & Fabian Brüggemann

Organisation

Anzahl: 2-25 TN

Zeitbedarf: 5-10 Minuten

Material: Die TN brauchen DIN-A4-Papier, Filzstift.

Vorbereitung: Keine

Effekt

› Auflockerung
› Seminareinstieg
› Gegenseitiges Kennenlernen
› Aktivierung

Anforderung an die digitale Plattform

› Alle TN müssen mit ihrem Bild gleichzeitig zu sehen sein („Gallery View").

Spielbeschreibung und Ablauf

Zum Start dieses Spiels stellen Sie den TN die Frage: „Welches Symbol steht für die Stadt, in der du dich gerade befindest?" Die TN bekommen dann 1-2 Minuten Zeit und malen jeweils das aus ihrer Sicht passende Symbol auf ein Blatt Papier. Auf Ihr Signal hin halten alle das Blatt Papier in die Kamera. Jetzt können Sie oder auch alle TN gemeinsam raten, um welche Stadt es sich handeln könnte. Die TN können auch kurze Geschichten zu ihrem jeweiligen Symbol erzählen, wenn genug Zeit für diese Methode vorhanden ist. Es ist hilfreich, den TN zu vermitteln, dass es hierbei nicht darum geht, das schönste Bild zu malen, um keinen Erwartungsdruck zu erzeugen.

Besonderheiten/Anmerkungen

Diese Methode trägt dazu bei, einen sicheren Raum zu kreieren, da sie den TN eine Orientierung darüber gibt, wo sich die anderen TN befinden.

Variante

Es können natürlich auch andere Fragen gestellt werden, wie etwa: „Welche Stadt ist für dich Heimat?" Oder: „In welcher Stadt bist du geboren?"

Schere, Stein, Papier

Virtuell mit Handgesten gegen- und miteinander spielen – wer gewinnt?

Betty Boden

Organisation

Anzahl: 4-25 TN (bzw. so viele, wie gleichzeitig auf einem Bildschirm zu sehen sind, die dann zusammen spielen können)

– Variante 1: Bis zur maximalen Anzahl per Bildschirm
– Varianten 2 und 3: 4-12 TN

Zeitbedarf:

– Variante 1: Zwei Runden à 5-7 Min.
– Variante 2: Bei 8 TN 4 Min. pro Durchlauf
– Variante 3: Bei 8 TN auf 4 Min. begrenzen (abhängig von der Dynamik in der Gruppe)

Material: Ein Haftzettel pro TN (optional)

Vorbereitung: Keine für TN. Wenn Haftzettel benutzt werden sollen, die TN vorher informieren.

Effekt

› Auflockerung
› Bewegung
› Kooperation
› Interaktion
› Variante 1 und 2: Mit Spielanweisung, durch Sie strukturiert, ein bisschen Leben in die Online-Veranstaltung bringen
› Variante 3: Unstrukturiert ein bisschen mehr Leben in die Online-Veranstaltung bringen

Anforderung an die digitale Plattform

› Alle, die mitspielen, können sich sehen
› Alle sind in der Lage, ihre Kamera selbstständig auszuschalten bzw. mit einem Haftzettel abzudecken

Spielbeschreibung und Ablauf

Dieses Spiel ist im Volksmund auch bekannt als Schnick, Schnack, Schnuck. Viele kennen dieses Kinderspiel, und nun erlebt es ein Revival in der virtuellen Welt. Sie können das Spiel in drei Varianten mit Ihren TN spielen.

Das sind die Regeln:
› Schere schlägt (schneidet) Papier.
› Stein schlägt (schleift) Schere.
› Papier schlägt (umwickelt) Stein.

Variante 1:
Alle TN spielen gegen Sie als Workshopleiter/in. Die Anweisungen können wie folgt lauten: „Liebe Leute, aufgepasst, Sie alle spielen jetzt gegen mich. Sie werden gleich merken: Ich verliere fast nie. Es funktioniert so: Während Sie meine eine Hand in dieser Bewegung sehen (eine liegende Acht in die Luft zeichnen), passiert noch nichts. Erst wenn ich zu dieser Bewegung ‚Schnick, Schnack, Schnuck' sage, zeigen wir alle – auf ‚Schnuck' – die entsprechende Geste für Schere, Stein oder Papier."

So sehen die Gesten aus, die dann in die Kamera gezeigt werden:
› **Schere:** Zeige- und Mittelfinger zu einem V gespreizt
› **Stein:** geballte Faust
› **Papier:** flache Handfläche

„Die Reihenfolge der Gesten, die ich beim Spielen wähle, ist natürlich zufällig. Angenommen, ich zeige auf ‚Schnuck' den Stein, dann müssen alle, die die Schere gezeigt haben (die also unterlegen sind), ihre Kamera ausstellen bzw. mit dem Haftzettel abdecken. Wenn ich danach das Papier wähle, sind alle weg vom Fenster, die den Stein gezeigt haben usw."

Wenn Sie es besonders lebhaft haben möchten, dann können Sie diejenigen TN, die nicht mehr dabei sind, bitten, ihre Mikrofone anzuschalten und den noch Spielenden zuzujubeln.

Das Spiel geht so lange, bis nur noch Sie und eine weitere Person zu sehen sind. Diese Person gewinnt und erhält von allen einen tosenden Applaus – entweder akustisch hörbar, also mit eingeschalteten Mikrofonen oder visuell sichtbar (Händeklatschen), sobald alle ihre Kamera wieder freigegeben haben.

Es kann auch sein, dass am Schluss mehrere Personen gleichzeitig unterlegen sind und keine mehr übrig bleibt. Dann haben Sie die Wahl, selbst zu gewinnen oder die letzten Mitspielenden zurückzuholen und ihnen den Gewinn zuzusprechen.

Variante 2:

Sie teilen alle **TN in Zweierpaare** ein, die dann nacheinander gegeneinander antreten. Haben Sie zum Beispiel 8 TN, dann spielen in der ersten Runde zuerst Anna gegen Alfred, danach Berta gegen Bernd, anschließend Clara gegen Charlie und zuletzt Dora gegen Dennis. In der zweiten Runde treten die Gewinner der ersten Runde gegeneinander an – wieder von Ihnen eingeteilt: Anna gegen Bernd, Charlie gegen Dora. Dann in der dritten Runde: Anna gegen Charlie.

Anna ist z.B. die Gewinnerin dieses ersten Durchlaufs. Ein zweiter kann folgen – mit derselben oder einer neuen Pärchenbildung.

Variante 3a):

Alle TN spielen gleichzeitig. Um die Spielpartner zu finden, sucht sich jede/r jemanden aus und versucht, durch direkte Ansprache deren oder dessen Aufmerksamkeit zu gewinnen. Alle Pärchen, die sich gefunden haben, spielen sofort los – und zwar so lange in dieser Konstellation, bis Sie nach etwa 4 Minuten die Spielzeit beenden.

Sie als Leitung entscheiden, ob die Pärchen ihre Runden-Gewinne (Punkte) mitzählen sollen oder nicht. Da es hier um Spaß geht, ist dies nur für die Pärchen relevant und wird nicht ins Plenum getragen.

Variante 3b):
Wenn Sie bei dieser Variante eine Gewinnerin oder einen Gewinner haben möchten, dann schaltet auch hier immer der/die Verlierer/in die Kamera aus. Wer gewinnt, sucht sich wieder jemanden zum Mitspielen usw., bis am Ende ein TN übrig bleibt.

Zu den Varianten 3a) und 3b): Eigenständig Spielpartner zu finden, ist im virtuellen Raum natürlich schwieriger als im Präsenz-Training, denn automatisch geraten viele Personen gleichzeitig miteinander in Kontakt, teils einseitig. Blickkontakt aufnehmen und auf den anderen zugehen? Fehlanzeige. Was können die TN tun? In das Plenum hineinrufen: „Emil, Emil! Hier ist Ella, wollen wir zusammen spielen?" Oder den privaten Chat benutzen. Manche schreiben auch eine Notiz und halten sie in die Kamera. Bloßes Winken oder Augenkontakt wird jedenfalls nicht funktionieren.

So machen die TN die Erfahrung, wie herausfordernd Kommunikation und Ansprache in einer virtuellen Veranstaltung sein können.

Die Erfahrung hat gezeigt: Diese Spielvariante ist für manche ein Riesenspaß und für andere total anstrengend, weil ziemlich chaotisch …

Besonderheiten/Anmerkungen

Für die Varianten 2 und 3 gilt: Fehlt im Spiel irgendwann aufgrund einer ungeraden TN-Anzahl eine Spielperson, dann springen entweder Sie selbst ein oder Sie holen eine bereits ausgeschiedene Person wieder ins Spiel.

Wählen Sie immer die Variante aus, die zur Gruppe bzw. zur Anzahl der TN passt.

Schranke zu, Zug kommt

Anfangs lustig, entwickelt sich das Spiel zu einer fesselnden Teamaufgabe

Erich Ziegler

Organisation

Anzahl: Ab 6 TN

Zeitbedarf: 12 Minuten

Material: Keines

Vorbereitung: Ohne

Effekt

› Auflockerung
› Kooperation
› Interaktion
› Etwas aus der eigenen Umgebung zeigen

Anforderung an die digitale Plattform

› Alle TN sind über Video sichtbar.
› Die TN hören sich gegenseitig.

Spielbeschreibung und Ablauf

Alle TN werden durchnummeriert. Sie orientieren sich kurz: „Wer kommt vor mir, wer nach mir?" Dies ist ein La-Ola-Spiel, d.h., die TN sind jeweils der Reihe nach dran. Online ist das eine besondere Herausforderung, denn je nach Meeting-Plattform sind die Videobilder bei allen TN unterschiedlich angeordnet. Der „Zug" fährt also nicht einfach von einem Bild zum nächsten, sondern „springt" hin und her. Die TN müssen also genau auf ihre/n Vorgänger/in achten.

Phase 1 – Schranke bedienen: Alle TN heben beide Zeigefinger, als würden sie einen Abstand von 15 cm anzeigen. Schließen: die Zeigefinger werden zueinander gebeugt, begleitet von einem hörbaren „Bing-bing-bing ...". Wieder öffnen, mit „Bing-bing-bing ..." die Zeigefinger strecken. „Jetzt machen wir das übungshalber mal in der Nummernreihenfolge nacheinander."

Phase 2 – Dampflok: Eine Dampflok kommt von links nach rechts, angedeutet durch ein „Tsch-tsch-tsch ...", dabei den Kopf von links nach rechts drehen. Wichtig dabei ist, die Reihenfolge der eigenen Aktionen einzuhalten:

a. Schranke zu („Bing-bing-bing"), erst dann fährt ...
b. die Lok zischend („Tsch-tsch-tsch ...") vorbei und schließlich ...
c. geht die Schranke wieder auf („Bing-bing-bing").

Gleichzeitig muss aber auch die eigene Aktion mit dem Vormenschen koordiniert werden.

Phase 3 – Güterzug mit einer schnelleren Diesellok: Das bedeutet, dass jetzt schon 2 oder 3 Schranken vorher zugehen müssen, bevor der Zug überhaupt kommt: Schranke zu („Bing-bing-bing ..."), Lok kommt an („Tsch-tsch-tsch ...") und fährt an der Schranke vorüber (Kopfdrehung), dann folgen mehrere Güterwaggons („Brlong-brlong-brlong ...", Kopf dreht sich dabei hin und her). Weisen Sie auf Folgendes hin: „Jetzt kommt es auf Koordination an! Ihr müsst rechtzeitig eure Schranke öffnen, DANN die Lok vorbeizischen lassen und DANN die Güterwaggons vorbeirattern lassen und schließlich die Schranke wieder öffnen. (Nix ist ärgerlicher, als wenn die Schranke geschlossen bleibt, obwohl der Zug schon vorüber ist, nicht wahr?)"

Phase 4 – Ein ICE rast vorbei: (Ganz laut: „vooAAAAaaa"), mindestens 5 Schranken müssen vorab zu sein. Ihre Moderation:

„Jetzt wird die Koordination untereinander wichtiger, denn so ein ICE ist bis zu 300 Stundenkilometer schnell. Entsprechend viele Schranken müssen geschlossen sein, so 5, 6 sollten es schon sein, bevor der ICE mit lautem Dröhnen ‚vooAAAAaaa' vorbeirast. Der ist so schnell, dass er drei Runden macht."

Phase 5 – Ein Transrapid jagt vorbei: („ssssssssss"). Sie nehmen die Zeit und fordern nach jeder Runde eine Halbierung, bis die TN auf eine Rekordzeit von unter einer Sekunde kommen. „Da der Transrapid auf einer Bahn auf Stelzen fährt, brauchen wir keine Schranken mehr. Alle müssen jetzt gemeinsam eine möglichst hohe Geschwindigkeit erreichen. Ich klinke mich

mal aus und nehme die Zeit. Die/der bisher vorletzte Teilnehmende übernimmt es, am Ende ‚Stopp' zu rufen, wenn der Transrapid durch die Runde gefahren ist. Ich bin gespannt, wie lange ihr so braucht. Auf die Plätze, fertig, los!"

Nach der ersten Runde: „Das war für eure Gruppengröße schon ganz ordentlich, aber ich möchte wissen, ob ihr das in der halben Zeit hinbekommt."

Nach dieser Runde: „Wie lässt sich diese Zeit halbieren?" – Und so fort, bis die TN eine Lösung finden, die die Fahrt auf unter eine Sekunde bringt (Alle sagen praktisch gleichzeitig „ssss … Stopp!").

Variante

Das Spiel geht auch ohne das Zeitnehmen am Ende, dann ist es ein einfaches Auflockerungsspiel.

Besonderheiten/Anmerkungen

Lassen Sie das Spiel besonders anfangs langsam einüben, damit alle mitkommen, denn zum Ende hin braucht es eine konzentrierte Koordination von allen.

Dämmen Sie aufkommende Diskussionen zunächst mit einem „Alle bereit? Auf die Plätze, fertig, los!" ein. Erst nach einigen Runden können Sie etwas mehr Zeit für das Finden einer Lösung lassen und mit Fragen wie: „WIE kann das gehen?" ermutigen. Der Teamübungsteil kann anschließend ausgewertet werden, mit Fragen wie:

> › Was habt ihr getan, damit die Anforderungen bewältigt werden konnten?
> › Wie kamen die Innovationen ins Spiel?
> › Wann wirkt (Zeit-)Stress innovationsfördernd? Was ist der Unterschied zu Distress?
> › Wie war der Umgang mit Regeln? Welche Regeln wurden beachtet, obwohl sie gar nicht benannt waren?
> › Was braucht ihr, um eine Situation zum Besseren zu verändern?
> › Wie lässt sich diese Erfahrung in euren Arbeitsalltag übersetzen?

Soundball

Kreative Auflockerung und Bewegung im Zusammenspiel

Melanie Künzl & Fabian Brüggemann

Organisation

Anzahl: Mindestens 3 TN, maximal 19

Zeitbedarf: 2-15 Minuten

Material: Keines

Vorbereitung: Keine

Effekt

> Auflockerung
> Bewegung
> Interaktion
> Raum für Kreativität, ohne dass die TN sich gezwungen fühlen, kreativ sein zu müssen

Anforderung an die digitale Plattform

> Alle TN müssen gleichzeitig zu sehen sein. Dies beschränkt die Anzahl der TN.
> Alle TN müssen ihr Video und den Sound angeschaltet haben.

Spielbeschreibung und Ablauf

Das Grundprinzip geht so, dass eine Person pantomimisch einen (imaginären) Ball beschreibt und dann eine Person benennt, zu der sie diesen Ball hinüberwerfen möchte. Und genau das macht sie dann pantomimisch, mit einer möglichst ausholenden Bewegung und dem dazugehörigen Geräusch. Als Beispiel: „Ich habe hier einen Basketball und werfe ihn rüber zu Michael nach München! Wuuuusch!" – Michael in München fängt den Basketball auf und kann dann, wenn er möchte, Größe/Art/Gewicht des Balles ändern. Zum Beispiel wird ein großer Hüpfball daraus, ein Tischtennisball oder ein Flummi. Er benennt die nächste Person und wirft dann den von ihm definierten Ball weiter.

Varianten

Die Übung kann nicht nur zur Aktivierung genutzt werden, um die TN in Bewegung zu bringen, sondern auch gleichzeitig als virtueller „Redeball". So kann z.B. die Reihenfolge der kurzen Vorstellung der TN am Anfang eines Seminars Schritt für Schritt festgelegt werden oder die Reihenfolge des Seminarabschlusses.

Zusätzlich können auch andere Gegenstände durch den virtuellen Raum geworfen werden – bei einem Elefanten werden die Wurf- und Fangbewegung wahrscheinlich größer und körperlicher ausfallen als bei einem kleinen Ball. Bei einem Papierflieger wiederum könnte es sein, dass die Person, die ihn fangen soll, erst 2-3 Runden durch das Zimmer läuft, um ihn einzufangen. Dies bietet für diejenigen TN Raum, die gerne etwas kreativer/ausgefallener agieren möchten.

Virtuelle Kontaktaufnahme

Berührende Kommunikation trotz räumlicher Entfernung

Michael Fuchs

Organisation

Anzahl: Unbegrenzt

Zeitbedarf: Bis zu 5 Minuten

Material: Unser Gesicht, ein Lächeln, 2 Arme und Hände

Vorbereitung: Ad hoc einsetzbar

Effekt

› Auflockerung
› Bewegung
› Interaktion
› Seminareinstieg

Anforderung an die digitale Plattform

› Galerieansicht

Gert Schilling (Hrsg.): 80 Spiele fürs Live-Online-Training

Spielbeschreibung und Ablauf

Online fehlt es uns, Menschen berühren zu können und berührt zu werden, soziale Nähe in welcher Form auch immer. Physical Distancing und soziale Nähe spielen daher eine noch viel größere Rolle. Gerade hier können wir die Vorteile von Online-Meetings mit Videoübertragung einsetzen.

Sie leiten die Übung ein: „Setzt euch mal so weit weg von der Kamera, dass ihr bei seitlich gestreckten Armen gerade an eurem jeweiligen Bildschirmrand mit den Fingern ankommt und euer Bildschirmvideo links und rechts ausgefüllt ist." Jetzt wenden Sie sich an jeden Einzelnen: „Prima, nimm die Arme bitte wieder an den Körper und schau mal in der Bildschirmgalerie, wer links und rechts von dir sitzt, lächele deinen Nachbarn zu und gib ihnen die Hände links wie rechts. Stell dir vor, du kannst das jetzt in ‚echt' tun. Wie schaut es mit den Nachbarn über und unter dir aus? Kannst du ihnen auch die Hand geben,

eventuell sogar gleichzeitig? Wie wäre es mit einer ‚indischen Yogabegrüßung'? Oder: Der rechte Arm geht nach links und begrüßt den linken Nachbarn und der linke Nachbar geht zugleich nach oben, um dort anzudocken. Ja, dazu darfst du wohl etwas höher an die Kamera herangehen."

Im Wechsel der Bewegungen entsteht immer wieder ein neues Gesamtbild der Videoansichten. Und Ihre TN sind in Bewegung. Ziel erreicht.

Besonderheiten/Anmerkungen

Die Videobilder in der Galerieansicht sind oft bei jedem TN unterschiedlich angeordnet. Das macht aber nichts bei dieser Übung. Ganz im Gegenteil. Dies bringt häufig zusätzliche, wohltuende Irritation und Bewegung.

Wir erleben, wie wichtig es ist und wie gut es tut, wenn wir uns gemeinsam bewegen, etwas „Verrücktes" tun und Spaß in der Gruppe haben. Das Tun steht im Vordergrund und wir können über uns selbst ein wenig lachen.

Varianten

› Eine schöne Videosequenz kann ein getimtes High Five (dabei einfach die Hände aufstellen) ergeben – auf drei geben sich alle ein High Five.

› Je nach Teilnehmerzahl wird auch eine Teamaufgabe daraus: Sie machen einen Screenshot von der Galerie und teilen diesen mit den TN, sodass jeder das Bild sehen kann. Damit ist jedem klar, wie die Videobilder angeordnet sind. Es gibt eine feste Reihenfolge – die nicht unbedingt der Reihenfolge der Online-Videobilder auf dem eigenen Bildschirm entspricht.

Nun können Sie eine Aufgabe stellen: „Bildet eine High-Five-Kette, die von links unten nach rechts oben geht, von rechts oben kerzengerade nach unten, von dort nach links oben usw. Hierzu habt ihr 90 Sekunden Zeit und schaut zu, dass die Hände sich wirklich berühren!!!"

Am Ende der Aktion machen Sie wieder ein Foto und teilen den Erfolg.

Virtuelles Glücksrad

Kurzweilige Runden mit dem Faktor Zufall

Bernd Braun

Organisation

Anzahl: 2-12 TN

Zeitbedarf: 10 Minuten

Material: Keines

Vorbereitung: Digitales „Glücksrad" mit verschiedenen Begriffen zur Vorstellung anlegen. Dies können z.B. folgende sein: beruflicher Lieblingsplatz, größte Herausforderung, persönlicher Erfolg, letztes Fettnäpfchen, Traumberuf als Kind

Effekt

› Kennenlernen
› Seminareinstieg
› Wiederholung

Anforderung an die digitale Plattform

› Bildschirmteilung möglich
› Zusätzlich zur Meeting-Plattform brauchen Sie ein digitales „Glücksrad".

Spielbeschreibung und Ablauf

Zur Vorstellungsrunde wird über die Screensharing-Funktion der Internet-Browser oder der Monitor des Smartphones geteilt. Im Browser ist bereits die Seite mit dem digitalen Glücksrad aufgerufen bzw. die App auf dem Smartphone gestartet.

Bitten Sie einen TN aus der Runde darum, das „Glücksrad" zu drehen. Auf sein Kommando hin tippen Sie dann entweder im Browser oder in der App auf das „Glücksrad". Dieses beginnt sich zu drehen und bleibt bei z.B. „beruflicher Lieblingsplatz" stehen. Nun ist die angesprochene Person gefordert, eine Antwort darauf zu geben. In einer Gruppe, wo sich alle besonders gut kennen, führt das häufig dazu,

dass plötzlich „Geheimnisse" offenbart werden, die keiner von dem anderen bisher wusste. Das bringt Auflockerung und Konzentrationssteigerung. Eine Vorstellungsrunde ist damit kurzweilig und unterhaltsam.

Wo Sie im Internet ein digitales Glücksrad finden können, steht auf der Linkliste im **Download**.

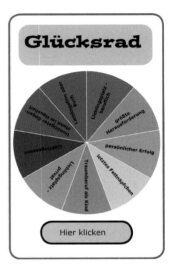

Varianten

› Neben einer Vorstellungsrunde kann das „Glücksrad" auch nach der Mittagspause als schnelle Auflockerung eingesetzt werden.
› Am Ende des Tages zur Reflexion
› Als Wiederholungsphase

Wetter-Koordinaten

Mit Wettersymbolen machen die Teilnehmenden ihre Stimmung transparent

Sabine Venske-Heß

Effekt

› Auflockerung
› Feedback
› Abschluss

Anforderung an die digitale Plattform

› PowerPoint-Chart zeigbar (Bildschirmfreigabe)
› Evtl. Chat

Organisation

Anzahl: 8-10 TN

Zeitbedarf: 5-10 Minuten

Material: Visualisierung der Wettersymbole.

Vorbereitung: Visualisierung erstellen

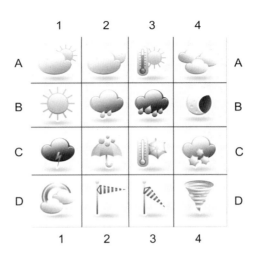

Spielbeschreibung und Ablauf

Die Wettersymbole sind im Quadrat oder Rechteck angeordnet. An der Längsachse sind die Zeilen mit Ziffern gekennzeichnet, an der waagerechten Achse die Spalten mit Buchstaben. Oder umgekehrt.

„Schau mal auf diese Symbole. Welches Bild passt aus deiner Sicht am besten zu deiner aktuellen Stimmung? Bitte schreib die Koordinaten in den Chat."

„Wofür steht das Symbol bei dir, Christof?" – Lassen Sie sich erläutern, was die Person ausdrücken möchte. Interpretationen sind nicht hilfreich, da sie sehr leicht falsch sein können.

Eine PowerPoint- und PDF-Vorlage mit Wettersymbolen finden Sie im **Download**.

Varianten

Erfragen Sie andere Themen. Beispiele:
› Wie zufrieden bist du mit dem Fokus, den du in den letzten zwei Stunden hier online hattest?
› Wie fühlst du dich, wenn du jetzt an die bevorstehende Situation denkst, die du hier vorbereitet hast?
› Wie geht es dir mit unserer Online-Arbeit?

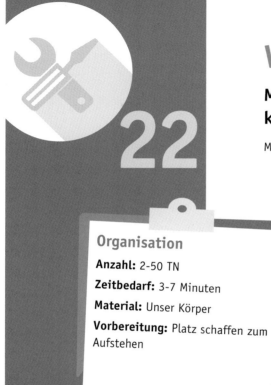

Wir gehen in den Baumarkt

Mit einer einprägsamen Geschichte in die körperliche Aktion kommen

Michael Fuchs

Organisation

Anzahl: 2-50 TN

Zeitbedarf: 3-7 Minuten

Material: Unser Körper

Vorbereitung: Platz schaffen zum Aufstehen

Effekt

> Auflockerung
> Bewegung
> Interaktion

Anforderung an die digitale Plattform

> Kamera, Galerieansicht, gerne den Ton von allen anlassen und somit eine „echte" Baumarkt-Atmosphäre schaffen (wer mag, mit Klimpermusik im Hintergrund)

Gert Schilling (Hrsg.): 80 Spiele fürs Live-Online-Training

Spielbeschreibung und Ablauf

Erzählen Sie die Baumarktgeschichte und machen Sie parallel die Bewegungen vor. Los geht's:

„Ja genau: Wir gehen jetzt virtuell und ganz in echt in den Baumarkt – also macht mal bitte mit, steht auf und stampft mit mir und euren Füßen in den Baumarkt. Dort schnappen wir uns einen Einkaufswagen (beide Hände nehmen wir angewinkelt vor den Körper), gehen ein paar Meter weiter und schauen nach rechts oben ins Regal.

Wir bleiben stehen und holen von rechts oben eine (imaginäre) Säge. Wir probieren diese mit einigen Sägebewegungen aus – dabei auch gerne Richtung Kamera sägen, damit wir die Funktionsfähigkeit überprüfen können. Nun legen wir diese in den Einkaufswagen.

Danach gehen wir einige Meter weiter und finden links oben im Regal das wichtigste Werkzeug – genau, einen ... (kurze Pause setzen)

Hammer – greifen diesen und probieren ihn sofort aus. Natürlich wiederum mit mehreren Hammerbewegungen nahe an der Kamera, also fast direkt auf den Computer – lasst nicht zu viel Wut heraus ...

Danach legen wir den Hammer zur Säge in den Wagen, gehen zur Kasse, setzen unser nettestes Lächeln auf, ziehen unsere Karte durch oder zahlen ganz bewusst in bar und ab nach Hause.

Zu Hause angekommen, darf es nun schnell ans Werkeln gehen. Wir packen also mit rechts unsere Säge, und da wir ja Multitasker sind, packen wir zugleich mit links den Hammer und sind bereit, beides gleichzeitig einzusetzen. Und los gehts, rechts sägen und links hämmern – vergesst euer Lächeln nicht – dranbleiben und stets mit Blick in die Kamera!!!

Kurz mal eine Pause machen – Arme ausschütteln – und nun werft die Säge von rechts weit nach links oben – wenn diese hoch in der Luft ist, werft den Hammer von links nach rechts oben, fangt beides nacheinander auf und legt nochmals los – Endspurt – ja, das schaut prima aus!

Und zu guter Letzt werft einfach Hammer und Säge hinter euch. Passt auf, dass ihr nichts im Büro oder Wohnzimmer umschmeißt. Und dann steht einfach mal für ein paar Sekunden nur da und macht nichts – spürt in den Körper – wer will, kann kurz die Augen schließen und ... geschafft."

Variante

Wie wäre es mit einem Ausblick, zum Beispiel mit der Idee, beim nächsten Mal eine Schaufel oder noch besser einen Presslufthammer zu kaufen oder zu mieten?

Besonderheiten/Anmerkungen

Je nach Ziel und Zweck kann damit am Ende auch eine kleine Achtsamkeitsübung verbunden werden. Reflexionsfragen sind z.B.: „Was habe ich erlebt? Wie geht es mir jetzt gerade? War das nur ‚Blödsinn' oder liegt in dem, was wir getan haben, auch etwas Sinnvolles?" Mit diesen Fragen können wir auf die Wichtigkeit von Bewegung hinweisen. Freude und Nonsens können Sinn ergeben ...

23

Zählspiel 1-2-3

Konzentration, Aktion und Aha-Effekte mit Zählspielen

Oliver Ferreau

Organisation

Anzahl: Gerade Anzahl TN, sonst beliebig, sofern die Plattform für jedes Paar einen Breakout-Raum bietet

Zeitbedarf: 10 Minuten

Material: Keines, ggf. Übungsanleitung als PDF, um sie in den Kleingruppenräumen sichtbar zu haben

Vorbereitung: Paarweise Zuordnung der TN zu den Breakout-Räumen, sodass das Spiel rasch gestartet werden kann

Effekt

› Auflockerung
› Bewegung
› Interaktion
› Lautes Lachen ist vorprogrammiert
› Macht wach, macht Spaß, regt die Kreativität an
› Thematischer Einstieg in Veränderungsprozesse

Anforderung an die digitale Plattform

› Halb so viele Breakout-Räume wie Teilnehmende
› Möglichkeit, als Trainer-/in Nachrichten in Breakout-Räume zu schicken

Gert Schilling (Hrsg.): 80 Spiele fürs Live-Online-Training

Spielbeschreibung und Ablauf

Ansage: „Ich schicke euch gleich paarweise in eigene Räume. Dort zählt ihr von 1 bis 3. Immer abwechselnd und immer wieder 1-2-3-1-2-3-1-2-3."

Machen Sie am besten einen Beispieldurchlauf mit einem TN.
Trainer/in (TR): „Eins."
TN: „Zwei."
TR: „Drei."
TN: „Eins."
TR: „Zwei."
...

„Nach einer Minute bekommt ihr ein Signal. Wer dann als Nächstes mit der 1 dran ist, denkt sich eine Geste oder Bewegung aus und ersetzt die 1 durch diese Geste. Ohne etwas zu sagen. Ab dann wird immer anstelle der 1 diese Geste oder Bewegung gemacht.

Nach einer weiteren Minute bekommt ihr noch ein Signal. Dann ersetzt ihr auch die 2 durch eine – natürlich andere – Geste. Nach nochmals einer Minute gibt es ein drittes Signal. Dann wird auch die 3 ersetzt und ihr spielt komplett schweigend weiter.

Ich bin gespannt, welche Gesten und Bewegungen euch einfallen. Vielleicht nicht gerade ,runterrennen auf die Straße und wieder hochkommen'."

Klären Sie dann die noch offenen Fragen der TN – und los geht es in die digitalen Kleingruppen.

Varianten

Falls es keine gerade Zahl an Teilnehmenden gibt, können auch drei TN bis vier zählen. Dabei müssen die Gruppen nicht gleich groß sein. Bei 7 TN also 2+2+3. Gruppen mit mehr als 3 TN ergeben zu viel Leerlauf, bis man wieder an der Reihe ist.

Variante eines anderen Zählspiels: Haben Sie zum Beispiel keine Möglichkeit für digitale Kleingruppenräume, funktioniert dieses Spiel auch im Plenum:

> Mit einem Metronom wird ein Takt vorgegeben (alternativ mit Stift auf Tisch/an Glas mitklopfen oder per Finger „dirigieren").
> Alle zählen im Takt gemeinsam laut aufwärts von 1 bis 50.
> Alle Zahlen, die die Ziffer drei enthalten oder die durch drei teilbar sind, dürfen nicht laut genannt werden. Für diesen Takt hält man sich als deutlich sichtbares Zeichen den Mund zu. Wer eine solche Zahl laut nennt, scheidet aus und deckt die Kamera ab.

> Wenn niemand mehr übrig ist, bevor die 50 erreicht ist, beginnen alle gemeinsam von vorne.

> Die Zielzahl 50 kann natürlich variiert werden, um den Schwierigkeitsgrad der Gruppengröße, der Zielgruppe und der aktuellen Konzentration anzupassen.

> Alternativ kann man auch von 50 rückwärts zählen lassen.

> Oder anstelle der drei wird eine schwierigere Ziffer verboten, beispielsweise die sieben.

> Es können auch verschiedene Gesten verabredet werden, die alle TN gleichzeitig machen dürfen, wenn die verbotene Zahl kommt. So müssen immer alle konzentriert bleiben.

Zufällig locker

Eine kurze Auflockerung mit dem Zufall verknüpfen

Gert Schilling & Zamyat M. Klein

Organisation

Anzahl: 2 TN bis unbegrenzt

Zeitbedarf: 2-5 Minuten

Material: 2 Würfel (oder siehe Variante)

Vorbereitung: Würfelseiten mit den Auflockerungs- und Wiederholungstexten bekleben (siehe Anleitung)

Effekt

› Auflockerung
› Aktivierung
› Bewegung

Anforderung an die digitale Plattform

› Videobild des Referenten für alle sichtbar
› Schön ist es, wenn die TN sich über Video sehen können.

Spielbeschreibung und Ablauf

Wollen Sie das Spiel mit zwei Würfeln als visuelle Unterstützung begleiten, ist vorher etwas Bastelarbeit angesagt:

› Sie benötigen zwei größere Würfel, z.B. Schaumstoffwürfel mit ca. 15 Zentimetern Kantenlänge. Falls Sie kleinere Würfel nutzen, sollten diese mindestens eine Kantenlänge von 6 Zentimetern haben.
› Bereiten Sie für jeden Würfel 6 Zettel vor, die so groß sind wie eine Würfelfläche und kleben diese auf die sechs Seiten des Würfels.
› Finden Sie sechs Dehn- oder Auflockerungsübungen, die einfach sind, gut ohne großen Aufwand vor dem PC durchgeführt werden können und eine erholsame Wirkung haben. Anregungen für PC-Bewegungsübungen erhalten Sie im Internet, zum Beispiel auf den Seiten von Arbeitsschutz oder Krankenkassen.

› Bestimmen Sie noch sechs Varianten von „Wiederholung" oder „Zeitdauer".
› Schreiben Sie die Auflockerungsanweisungen und Wiederholungen auf je 6 Zettel.

Beispiele Auflockerungsan-
weisung:

> Schulterkreisen
> Augen schließen
> Hände ausschütteln
> Ohren massieren
> Schulter hochziehen und
  fallen lassen
> Kopf nach links und
  rechts neigen

Beispiele Wiederholung:

> 10 Sekunden
> 30 Sekunden
> 1 Wiederholung
> 5 Wiederholungen
> 3 x ganz langsam
> 7 Wiederholungen

Jetzt sind Sie bereit für die Online-Auflockerung: Los geht's: „Es ist mal wieder Zeit für eine kurze Bewegungspause. Wie es der Zufall will, habe ich hier zwei Würfel, die uns dabei helfen. Ein Würfel zeigt auf jeder Seite jeweils eine Bewegungsübung, die beim Arbeiten am PC gut tut. Auf dem anderen finden sich die Dauer bzw. die Wiederholungen."

Je nach Dramaturgie können Sie erst die Art der Übung und dann die Wiederholung auswürfeln oder umgekehrt. Die Würfel geben vor, welche Übung die Teilnehmenden dann gemeinsam ausführen.

Zwischendurch kann nun immer mal wieder eine Bewegungsauflockerung eingeleitet werden – der Zufall bestimmt Art und Dauer.

A

Anmerkungen

Gerade beim Online-Seminar ist es gut, die TN von Zeit zu Zeit in Bewegung zu bringen. Warum nicht den Zufall als Auflockerungshilfe nutzen?

Schön ist es, wenn die TN sehen, wie Sie die Übungsentscheidung „auswürfeln". Mit einem großen Schaumstoffwürfel lässt sich ein „Würfelhochwurf" machen, indem er mit einer leichten Drehbewegung in die Höhe geworfen und wieder aufgefangen wird. Die Seite, die in Richtung Kamera zeigt und von den TN gesehen wird, ist dabei das Würfelergebnis. Wenn Sie eine zweite Dokumentenkamera haben, die „von oben" auf das Würfelgeschehen „schaut", können Sie das gewürfelte Ergebnis alternativ auch so abbilden.

Varianten

› Wollen Sie sich die Bastelarbeit mit dem Würfel sparen, gibt es folgende Alternative: Sie bereiten zwei A4-Blätter vor, auf denen jeweils die Übungen und die Wiederholungen von 1 bis 6 durchnummeriert aufgelistet sind. Jetzt können Sie mit einem „normalen" Würfel würfeln und mit zwei getrennten Würfen die Übung und Wiederholung bestimmen.

› Angenommen, Sie haben keine zweite Kamera, die „von oben" das Würfelergebnis für die TN sichtbar machen kann. Ihre einzige Kamera ist die „von vorne". Wie bestimmen Sie mit einem normalen Würfel ein Zufallsergebnis, das die TN sehen können? **Tipp:** Die senkrechte Würfeltechnik. Diese funktioniert wie folgt: Zuerst halten Sie den Würfel zwischen den Handflächen. Nun bewegen Sie die Handflächen und bringen den Würfel so in Drehbewegung als wäre der Würfel aus einem formbaren Material und Sie würden versuchen aus dem Würfel eine Kugel zu formen. Nach einigen Bewegungen greifen Sie den Würfel zwischen Daumen und Zeigefinger Ihrer dominanten

Hand und halten ihn mit einer zügigen flüssigen Bewegung in die Kamera. Die Seite, die in die Kamera zeigt, gilt als gewürfelte Augenzahl.

› Sie können auch die TN würfeln lassen. Eine Person bestimmt die Übung – eine andere die Wiederholung.

› Haben Sie keinen „analogen" Würfel, tut es auch ein digitaler auf dem Handy. Halten Sie das Ergebnis in die Kamera.

Chat ▽

Von Claudia an *Alle*:
Kopf neigen

Von mir an *Alle*:
5 Kniebeugen

Von Klaus an *Alle*:
Aufstehen und zum Fenster gehen

Von Barbara an *Alle*:
7 mal Hand zur Faust ballen und entspannen

Von Tim an *Alle*:
Erst mit der rechten Hand, dann mit der linken Hand in die Kamera winken

Von Emma an *Alle*:
Augen rollen

Versenden an: Alle ▽   ...

5 Kniebeugen

🔽 Wo Sie einen digitalen Würfel im Internet finden können, steht auf der Linkliste im **Download**.

Fitness im Chat

Variante von Zamyat M. Klein

Sie laden die Teilnehmer ein, selbst eine kurze Bewegungssequenz vorzuschlagen: „Ich bitte euch, eine kurze Bewegungsübung in den Chat zu schreiben, die wir dann alle zusammen machen. Bitte schreibt auch dazu, wie oft wir die Bewegung wiederholen sollen." Sie können dazu auch ein bis zwei Beispiele nennen wie: „5 Kniebeugen" oder „Schulter kreisen". Wenn dann 3-4 Vorschläge im Chat stehen, führen Sie diese nach und nach gemeinsam durch.

Da sich die TN hier ganz spontan etwas ausdenken sollen, sind es in der Regel keine komplizierten Übungen. Nach meiner Erfahrung ist es oft sehr witzig. So war einmal eine vorgeschlagene Bewegung, in die Kamera zu winken. Erst mit der rechten Hand, dann mit der linken. Das hatte natürlich nicht wirklich etwas mit Fitness zu tun, aber alle fanden das so lustig, dass wir total Spaß hatten – und das hat ja auch eine belebende Wirkung.

Das Schöne an dieser simplen Methode ist, dass Sie die TN miteinbeziehen und nicht selbst die Vorschläge machen.

Statt Fitness-Übung können Sie auch eine andere Aufgabe geben: ein Spiel, einen Energizer anleiten oder einen Witz erzählen.

Lernspiele mit Hintergrund

Gert Schilling (Hrsg.): 80 Spiele fürs Live-Online-Training

Auflockerung	Bewegung	Kennenlernen	Kooperation	Interaktion	Feedback	Seminar-/Themeneinstieg	Wiederholung	Reflexion	Abschluss/Transfer	
					x			x	x	Anschauliche Reflexion zur Umsetzung von Erkenntnissen in die eigene Praxis
		x		x	x	x	x			Startenergie mobilisieren mit aussagekräftigen Visualisierungen
				x		x				Mit LEGO-Steinen zu kreativen Gedankenreisen
x		x		x		x				Mit einem T-Shirt üben die Teilnehmenden das improvisierte Geschichtenerzählen
				x		x	x			Die Teilnehmenden finden spontan und flexibel zu kreativen Lösungen
	x	x		x						Ein rascher Überblick für alle – einfach dokumentiert
x				x		x	x			Thematische Begriffspaare bilden mit unterhaltsamer Methode
x			x	x		x		x		Anregende Ideenbescherung in Teamarbeit
		x	x	x		x				Knifflige Wortfindungen mit Themenbezug und Interaktion
				x						Veränderung gewohnter Kommunikationsschemata
x				x	x					Stimmungsbild zum Energielevel
x	x		x							Auflockerndes Teamspiel mit Bewegung
x				x						Gemeinsam spielerisch zeichnen und kommentieren
x						x	x			Visualisierung von Themen oder Begriffen auf spielerische Art
		x		x				x		Kreative Erfahrungsübung außerhalb der Komfortzone
				x		x				Aufschlussreiche Kommunikationsübung mit haptischer Erfahrung
x								x		Lebendige Auflockerung mit Themenbezug
		x				x				Ein Gegenstand lädt zu einem tieferen Gespräch ein
	x					x			x	Diese Methode zeigt einmal mehr: gute Fragestellung – guter Austausch
x	x		x	x						Reflexion der eigenen Rolle im Hinblick auf Führen und Geführtwerden
			x		x				x	Klarheit über die Wünsche der Teilnehmenden im Verlauf des Online-Trainings gewinnen
x				x						Kleine Veränderungen und ihre Wirkung erleben
x	x									Fehler machen erlaubt – dynamisch und mit Spaß in Bewegung kommen
			x	x						Akronym-Suche zum Wort TEAM
				x		x				Sensibilität für Mehrdeutigkeit von Sprache entwickeln
		x				x				Wünsche und Erwartungen anschaulich abfragen
		x	x	x	x				x	Aktivierung von Nähe und Verbundenheit im virtuellen Raum
		x	x	x						Nähe entwickeln im Ratespiel mit Bild
						x	x			Dynamische Inhaltswiederholung nach Art einer bekannten Quizsendung

Auswertung mit der Hand

Anschauliche Reflexion zur Umsetzung von Erkenntnissen in die eigene Praxis

Yvo Wüest

Organisation

Anzahl: 3-25 TN

Zeitbedarf: 10-15 Minuten

Material: Die TN brauchen ein DIN-A4-Papier und einen dicken schwarzen Stift.

Vorbereitung: Umriss der eigenen Hand mit gespreizten Fingern mit einem dicken schwarzen Stift auf ein weißes Blatt Papier zeichnen und abfotografieren

Effekt

› Feedback
› Reflexion über den Lernerfolg
› Austausch
› Vorbereitung Transfer in Arbeitspraxis

Anforderung an die digitale Plattform

› Alle TN sollten sich sehen und hören können.
› Whiteboard, auf dem alle TN schreiben können
› Digitale Kleingruppenräume (für Variante)

Spielbeschreibung und Ablauf

Zeichnen Sie im Vorfeld den Umriss der eigenen Hand mit gespreizten Fingern mit einem dicken schwarzen Stift auf ein weißes Blatt Papier. Diese Zeichnung halten Sie bei der Erklärung der Übung als Beispiel in die Kamera.

Sie erklären die Übung, bei der die TN über den Lernprozess reflektieren: „Ihr seht hier das Bild einer Hand. Nehmt bitte das weiße Blatt und einen dicken schwarzen Stift. Zeichnet auf dem Blatt den Umriss eurer Hand. In jeden einzelnen Finger notiert ihr eine für euch wichtige Lernerkenntnis. In die Mitte der Handfläche notiert ihr, was ihr die nächsten 72 Stunden anpacken wollt."

Anschließend arbeiten die TN selbstständig für sich. Entscheiden Sie je nach Seminarsituation, wie viel Zeit Sie dafür geben. Die TN können während der Aufgabe ihre Kamera ausschalten, wer fertig ist, schaltet die Kamera einfach wieder ein. So haben Sie einen guten Überblick, wer fertig ist.

Danach werden die Ergebnisse zusammengetragen.
› Alle TN halten die gezeichnete Hand mit den Lernerkenntnissen und ihrem Umsetzungsziel in die Kamera und stellen sie kurz vor.
› Möchten Sie, dass ein gemeinsames digitales Bild der erarbeiteten Lernerkenntnisse (Stichworte) entsteht, öffnen Sie das digitale Whiteboard und bitten die TN, diese auf der „Foto-Hand" mit der Schreib-/Textfunktion zu notieren. Dafür haben Sie Ihre eigene Handzeichnung vorab fotografiert und auf dem Whiteboard platziert.

Für eine bessere Übersichtlichkeit können Sie die jeweiligen Beiträge auf dem Whiteboard zu den einzelnen Fingern verschieben. So, dass immer alle Beiträge gut zu sehen sind. Für die Dokumentation machen Sie einen Screenshot der Gruppenauswertung.

Varianten

› Die TN arbeiten in Kleingruppen von 3-5 Personen. Mit der Funktion „Bildschirm teilen" und „Whiteboard" übernimmt eine Person die Gruppenleitung und führt die Gruppe durch den Reflexionsprozess.

› Sie fordern die TN auf, ein Foto von ihrer „Erkenntnishand" auf einer digitalen Pinnwand abzulegen. Unterhalb des Fotos soll zumindest notiert werden, welches Vorhaben die TN in den nächsten 72 Stunden anpacken werden.

26 Bilder googeln

Startenergie mobilisieren mit aussagekräftigen Visualisierungen

Ulrike Götz

Organisation

Anzahl: 4-12 TN

Zeitbedarf: 10-15 Minuten

Material: Keines

Vorbereitung: Keine

Effekt

› Kennenlernen
› Interaktion
› Feedback
› Seminareinstieg
› Wiederholung
› Einstimmen auf ein neues Seminarthema

Anforderung an die digitale Plattform

› Chat
› Bildschirmteilung bei allen TN möglich
› Whiteboard-Funktion bzw. ggf. Präsentations-Software

Spielbeschreibung und Ablauf

Die TN sollen zum Einstieg in ein neues Thema zu einem von Ihnen vorgegebenen themenbezogenen Begriff (Beispiel: „Nutzen" bei einem Verkaufstraining) eine für sie passende und aussagekräftige Visualisierung in Form eines Bildes (Foto, Zeichnung usw.) aus dem Internet finden. Geben Sie den TN dazu eine Internetanwendung vor, auf der kosten- und rechtefreie Bilder mit einer Stichworteingabe zu finden sind.

Bitten Sie die TN, das ausgewählte Bild zu teilen und einen Satz dazu zu sagen, warum sie dieses Bild ausgewählt haben. Es spielt hierbei keine Rolle, wie viel die/der TN schon zum Thema weiß.

Besonderheiten/Anmerkungen

Die Übung aktiviert verschiedene Gehirnareale und sorgt so für eine gute Startenergie.

Probieren Sie im Vorfeld selbst aus, ob sich mit dem von Ihnen ausgewählten Begriff und mit der von Ihnen empfohlenen Bildquelle eine entsprechende Bildauswahl finden lässt.

🔽 Wichtige Hinweise zum Einsatz kosten- und rechtefreier Bilder finden Sie auf der Linkliste im **Download**.

Varianten

> Lassen Sie sich die Bilder zunächst von Ihren TN zumailen und fügen Sie diese auf jeweils eine Chart-Seite Ihrer Präsentationssoftware ein, die Sie dann im Plenum zeigen. Bevor der jeweilige TN etwas zu seinem Bild sagt, lassen Sie alle raten, von wem das Bild sein könnte. Die TN können dazu den vermuteten Namen in den Chat schreiben. Die Auflösung erfolgt dann durch die TN im Rahmen der Begründung für ihre Bildauswahl.

> Sie können diese Übung auch als Wiederholungsübung einsetzen: „Was nehmt ihr zu diesem Thema für euch mit – symbolisiert durch ein Bild eurer Wahl?"

> Ebenso ist ein Einsatz als Feedback-Variante möglich: „Welches Bild symbolisiert am besten euer Feedback zum heutigen Online-Training?"

Das kann unmöglich Zufall sein ...

Mit LEGO-Steinen zu kreativen Gedankenreisen

Steffen Powoden

Organisation

Anzahl: 4-12 TN – in Teilgruppen mehr

Zeitbedarf: 1 Minute je TN (zzgl. Anmoderation und Demonstration), bei Varianten dann zusätzlich 1 Minute je TN für Wiederholung

Material: LEGO-Steine (alternativ: 4 zufällige Gegenstände aus dem Umfeld der TN)

– Begriffe auf Kärtchen oder z.B. in Präsentation eingefügt (siehe Beispiele)

– Evtl. 30-Sek.-Sanduhr oder sonstiger (virtueller) Timer

Vorbereitung: Die TN bekommen im Vorfeld „eine Handvoll" LEGO-Steine zugesandt oder die Aufgabe, sich entsprechend einige Steine zu besorgen. Alternativ sollen sich die TN 4 Gegenstände aus dem Umfeld suchen, die aufeinandergestapelt oder miteinander verbunden werden können, um daraus eine „Mini-Skulptur" zu basteln.

Effekt

› Interaktion
› Seminareinstieg
› Kreativität und Improvisationsfähigkeit fördern
› Sinn für Metaphorik und Visualisierung schärfen

Anforderung an die digitale Plattform

› Video- und Audio-Funktion bei allen verfügbar

Spielbeschreibung und Ablauf

„Bitte wählt 4 zufällige Steine (auch gerne blind) aus eurem Fundus, steckt diese auf beliebige Art und Weise zusammen." Die TN halten ihre Kreation in die Kamera.

Sie als Trainer/in haben auch eine Kreation geschaffen und präsentieren sie mit der Ankündigung der kommenden Aufgabe: „Wir haben hier nun also x wunderbare und verschiedene Skulpturen vor uns. Doch das sind nicht irgendwelche Skulpturen, sondern hochinteressante Modelle, die aus vier Bestandteilen sind und für etwas ganz Bestimmtes stehen. Für was genau, wisst Ihr vermutlich selbst noch nicht ..." Dann geben Sie ein Beispiel vor, etwa so: „Meines ist das Modell für meinen Lieblingsurlaub." Dabei zeigen Sie jeweils mit einem Zeigestab oder Stift auf den jeweiligen Bestandteil.

„Im Urlaub bin ich am liebsten am sonnigen Strand (auf das gelbe Teil zeigen), schaue mir aber auch gerne Städte und Bauwerke in der Umgebung an (graues Brückenteil), aber vor allem sollte es aktiv zugehen (auf Oberkörper mit Händen zeigen) – und wenn ich mir dann abends noch ein Gläschen Wein aus einer schönen grünen Weinflasche einschenke (grünes Teil), dann bin ich rundum zufrieden und glücklich. Soweit zu meinem Lieblingsurlaub. Wir schauen gleich, wie das bei euch ist."

Anschließend erhalten die TN die Aufgabe, ihre Modelle in gleicher Weise vorzustellen und die vier Bestandteile konkret zu benennen. Die TN bekommen von Ihnen ein Thema und haben dann für die Erläuterung 30 Sekunden Zeit.

Der nächste Präsentator wird festgelegt (freiwillig oder Zufallsprinzip) und Sie leiten ein mit: „Inwiefern ist deine Skulptur ein Modell für ..." Anmerkung: Hier kann nun alles folgen, was dem Zweck dient – aus dem Freizeitbereich, etwas sehr Abstraktes, etwas Verrücktes, etwas Amüsantes ... oder eben auch Begriffe aus dem Themenbereich der Veranstaltung.

Beispiele:
> Einen perfekten Abend
> Deinen besten Freund
> Symbol für Erfolg
> Synergie
> Was Hunde denken
> Führung
> Gelungene Kommunikation

Nachdem das Thema/der Begriff dem TN gezeigt wurde, können Sie bei Bedarf kurz Zeit zum Gedankensammeln lassen und dann geht's los. Für jeden TN haben Sie einen anderen Begriff vorbereitet.

Am Ende und/oder zu einem späteren Zeitpunkt kann eine weitere Check-up-Runde gestartet werden. Die Modelle werden nochmals vor die Kamera gehalten und es wird auf einzelne Bausteine gezeigt.

Besonderheiten/Anmerkungen

Mit dieser kurzen und unterhaltsamen Sequenz wird zum einen die Kreativität und Improvisationsfähigkeit gefördert und zum anderen der Sinn für Metaphorik und Visualisierung gesteigert. Die TN werden dadurch motiviert, auch im weiteren Verlauf von Online-Veranstaltungen haptische und/oder visuelle Elemente bzw. mehr Gestik und bildhafte Sprache einzusetzen.

Je nach Zielsetzung kann dies das Warm-up zu nachfolgenden Übungen sein, bei denen es um Kreativität, Spontanität etc. geht. Oder die Übung wird zum Reflektieren genutzt: „Was habt ihr erlebt?", „Was lief gut?", „Was hätte besser laufen können?", „Was sind eure Lessons Learned?" Dadurch können positive Erkenntnisse für das Thema Kommunikation oder auch die interessante Gestaltung von Online-Kommunikation (also auch für die Veranstaltung selbst) gewonnen werden.

Varianten

> **Vorstellungsrunde:** Die TN stellen sich (ergänzend) anhand von vier Zufalls-Steinen vor: „Was mache ich gerne?", „Was zeichnet mich aus?", „Ganz typisch ich?"

> **Themeneinstieg:** Die TN erhalten ausschließlich Begriffe zum Themenfeld.

> **Assoziations- und Kreativitätstechnik:** Welche Idee bringt die Zufalls-Skulptur bzw. bringen die einzelnen Elemente hinsichtlich unseres Problems/unserer Fragestellung zum Ausdruck?

> **Abschlussrunde oder Feedback:** Anhand von vier Zufalls-Steinen wird Rückmeldung gegeben.

Das weiße T-Shirt

Mit einem T-Shirt üben die Teilnehmenden das improvisierte Geschichtenerzählen

Evelyne Maaß & Karsten Ritschl

Organisation

Anzahl: 3-12 TN

Zeitbedarf: 7 Minuten für die Kleingruppenarbeit. Plus Präsentationszeit. Pro 3er-Team 2 Minuten Präsentationszeit

Material: Pro Teilnehmer ein weißes T-Shirt

Vorbereitung: Bitten Sie die TN schon in der Einladung, ein weißes T-Shirt bereitzulegen. Eventuell digitale Kleingruppenräume vorbereiten

Effekt und Einsatzmöglichkeit

> Auflockerung
> Kennenlernen
> Interaktion
> Seminareinstieg
> Kreativität und Spontanität anregen
> Fantasie beflügeln

Anforderung an die digitale Plattform

> Digitale Kleingruppenräume
> Die TN können ihre Kamera selbstständig on/off schalten.

Spielbeschreibung und Ablauf

„In der Einladung haben wir euch gebeten, ein weißes T-Shirt bereitzulegen. Mit diesem machen wir gleich eine Übung."

Kündigen Sie an, dass die Gruppen in digitale Kleingruppenräume mit jeweils drei Personen aufgeteilt werden.

Erläutern Sie die Aufgabe für die Kleingruppen: „Ihr habt gleich 7 Minuten Zeit – alle Zeit der Welt – um euch eine Geschichte auszudenken, in der das weiße T-Shirt eine wichtige Rolle spielt. Es geht darum, dieses weiße T-Shirt während der Geschichte weiterzugeben und dabei Varianten zu entwickeln, wie das an euren Bildschirmen möglich ist. Es macht Sinn, zu begründen, warum ihr das T-Shirt weitergebt. Ihr dürft eure Geschichte nachher in der großen Gruppe präsentieren."

Ziel ist, dass alle drei TN sich an der Geschichte beteiligen.

Nach Ablauf der 7 Minuten kommen alle aus den digitalen Kleingruppen zurück in das Plenum und präsentieren ihre Ergebnisse.

Damit die Geschichte der erzählenden Gruppe im Fokus steht, schalten alle anderen während der Präsentation ihre Kameras aus.

In der ersten 3er-Gruppe startet Andreas mit der T-Shirt-Geschichte: „Letzten Monat war ich in Bayern im Urlaub. Auf dem Wochenmarkt in München habe ich zwei Kilo Äpfel gekauft. Dabei habe ich einen Stand mit weißen T-Shirts entdeckt und da kam mir die Idee, Susanne eines mitzubringen." Dabei gibt Andreas das T-Shirt an Susanne weiter, indem er es Richtung Kamera hält. Susanne erzählt die Geschichte weiter: „Da habe ich mich sehr gefreut, dass der Andreas an mich gedacht hat. Das T-Shirt war allerdings etwas groß für mich, da habe ich es an Claudia weitergegeben." Claudia übernimmt: „Prima dachte ich, denn ich bemale so gerne T-Shirts mit knalligen Farben. Das wird nicht lange so weiß bleiben."

Varianten

Nach unserer Erfahrung entstehen mit dem weißen T-Shirt immer sehr schöne Geschichten. Wenn die Teilnehmenden in der Einladung die Aufgabe bekommen, ein weißes T-Shirt bereitzuhalten, macht das in der Regel schon neugierig.

Falls Sie keine Gelegenheit haben, Ihren TN ein Vorabinfo zukommen zu lassen, ist die Alternative, die Geschichte mit Gegenständen zu erzählen, die griffbereit sind.

Beispiele:
› Taschentücher weitergeben.
› Kugelschreiber weitergeben.
› Tasse weitergeben.
› Was immer geht: ein imaginäres Objekt. Das kann sogar ein Elefant sein.

Besonderheiten/Anmerkungen

Wenn Sie möchten, können Sie als Moderator einige Hinweise geben, wie das T-Shirt weitergegeben werden kann: geworfen, nach vorn, nach oben, nach unten. Aber Achtung: Bei einigen Plattformen ist die Galerieansicht nicht bei allen TN gleich. Da gilt es, kreative Lösungen zu finden.

Dieses Spiel ist eine sehr schöne Übung zum Thema Storytelling, zum Beispiel in einem Präsentationstraining.

29

Dein Gegenstand löst mein Problem!

Die Teilnehmenden finden spontan und flexibel zu kreativen Lösungen

Phil Stauffer

Organisation

Anzahl: 2-10 TN – bei Kleingruppen ggf. mehr

Zeitbedarf: Je TN 2-3 Min

Material: Jeder TN benötigt einen Gegenstand, groß genug, um ihn im Videobild zu erkennen.

Vorbereitung: Einen eigenen Beispielgegenstand bereithalten

Effekt

> Interaktion
> Reflexion
> Interaktion
> Einstieg ins Thema

Anforderung an die digitale Plattform

> Videobild der TN für alle sichtbar
> Digitale Kleingruppenräume vorteilhaft bei einer größeren Gruppe
> Videobild des Referenten für alle sichtbar

Spielbeschreibung und Ablauf

Lassen Sie die TN zum Start einen Gegenstand holen, den sie gut erkennbar in die Kamera halten können.

An der Übung sind immer zwei Personen beteiligt. Zum Beispiel Petra und Ralf. Beide haben einen Gegenstand, für die anderen noch nicht sichtbar, neben sich liegen. Petra nennt ein erfundenes Problem: „Ich finde nie einen Parkplatz in der Stadt!" Ralf präsentiert daraufhin seinen Gegenstand mit überschwänglichen Worten als Lösungsangebot für Petras Problem: „Da habe ich etwas für dich ..." Jetzt hält er den Gegenstand in die Kamera: „Siehst du diesen Marker, ein Stift von ausgesuchter Qualität, er wird dir helfen, deine Probleme zu lösen."

Petra bedankt sich ausdrücklich für das tolle Angebot und erzählt, wie toll ihr der Gegenstand bei der Lösung ihres Problems geholfen hat: „Ja, klasse, das ist ja ein Super-Marker, damit konnte ich neue Parkplatzlinien auf den Asphalt zeichnen. Jetzt habe ich meinen Parkplatz immer bei mir und kann stehen, wo ich will. Vielen, vielen Dank!" Dann wechseln die Spieler die Rollen. Ralf nennt ein erfundenes Problem und Petra zeigt ihren Gegenstand – in diesem Beispiel eine Schöpfkelle aus der Küche.

Tipp: Die erste Runde der Übung führen Sie beispielhaft vor der gesamten Gruppe mit einem TN durch. Dann wissen alle, wie der Ablauf funktioniert.

Falls Sie eine kleine Gruppe bis 10 Personen haben, geht es jetzt nach und nach paarweise weiter. TN führen den Dialog durch, die anderen beobachten.

Falls Sie die Möglichkeit haben, schicken Sie die TN für die Übung paarweise oder in Viererteams in die Kleingruppen.

Besonderheiten/Anmerkungen

Hier verlassen die TN die Komfortzone. Auch Zurückhaltende gehen aus sich heraus und entdecken neue Möglichkeiten: In dieser Übung geht es darum, ein bisschen gemein zu sein, um die echte Kreativität, die im Verborgenen liegt, hervorzulocken. Wir entdecken, dass es viel mehr Möglichkeiten gibt, als wir im vollen „Kontroll-Modus" gedacht haben. Dort liegt oft unerwartetes Ideen-Gold.

Das Spiel eignet sich besonders, um das Mindset im Change-Prozess zu schulen. Der Unterschied zwischen agiler und statusorientierter Arbeitsweise wird hier deutlich. Vorgefertigte Antworten mit einer klaren Zielsetzung, z.B. kreativ, witzig, originell etc., funktionieren nicht, da sich die Situation ständig ändert.

Varianten

Eine Runde mit „echten" Problemfragen der TN. Die Probleme sollten aber nicht zu „tief" sein, sondern eher auf dem Niveau von Alltagsproblemen: „Mir gelingt es nicht, meine E-Mails ordentlich zu strukturieren." Oder: „Wenn es regnet, habe ich keine Lust, joggen zu gehen."

Tipp: Erst eine Runde mit erfundenen Problemen durchführen und dann eine mit echten Fragestellungen.

Die schnellste Buchempfehlungsliste ever!

Ein rascher Überblick für alle – einfach dokumentiert

Andrea Rawanschad & Heidrun Künzel

Organisation

Anzahl: 2-100 TN

Zeitbedarf: 5-30 Minuten

Material: Keines

Vorbereitung: Shortcut für Bildschirmfoto-Funktion auf dem eigenen Rechner kennen. Musikauswahl bereithaben und auf Knopfdruck abspielen können. Fragestellungen zur Buchauswahl vorbereiten

Effekt

> Bewegung
> Kennenlernen
> Interaktion
> Schnelles Zusammenstellen einer Buchempfehlungsliste
> Vertieftes Kennenlernen
> Wissensaustausch zu Sachinhalten

Anforderung an die digitale Plattform

> Galerieansicht aller TN (alternativ: Chatmöglichkeit für alle)
> Möglichkeit, sich in in digitalen Kleingruppenräumen auszutauschen

› Zusätzlich das Handy für ein Foto bereithalten – alternativ einen Screenshot
machen
› Ggf. ein Musikstück abspielen können

Spielbeschreibung und Ablauf

Die TN werden aufgefordert, rasch eines ihrer
Lieblings-Sachbücher vor die Kamera zu holen. Die Instruktion könnte so lauten: „Holt
euer (momentanes oder ständiges) Lieblings-
Sachbuch vor die Kamera! Ihr habt hierfür
ein Lied mit flotter Musik Zeit. Es läuft rund
2 Minuten und die Zeit startet, wenn ich die
Musik spiele."

Während der Song spielt, holen die TN ihr je-
weiliges Buch herbei. Für den Fall, das jemand
sein Bücherregal nicht in der Nähe hat oder
Bücher nur digital liest, kann die Aufgabe
angepasst werden, indem er/sie Buchtitel und
Autor auf ein Papier aufschreibt.

Wenn alle TN wieder zurück sind, werden sie
aufgefordert, die Bücher jeweils (Titel gut
lesbar) in der Galerieansicht in die Kameras
zu halten. Dann wird ein gutes Bildschirmfoto
gemacht, bei vielen TN entsprechend mehrere
Bildschirmfotos. Schon jetzt gibt es damit eine
schöne Buchempfehlungsliste.

Gegebenenfalls können die TN mit den jeweiligen Büchern in Gespräche in Kleingruppen gehen, idealerweise zu zweit oder zu dritt, z.B. mit der Fragestellung: „Was macht dieses Buch zu deinem Lieblingsbuch?", „Welche drei Dinge hast du aus diesem Buch gelernt?"

Besonderheiten/Anmerkungen

Der zusätzliche Austausch in Kleingruppen eignet sich besonders zu einem besseren Kennenlernen am zweiten Tag oder in einer Gruppe, die sich schon persönlich kennt, weil man sich so vertieft und zu neuen Themen kennenlernen kann.

Varianten

Buchtitel im Chat: Wem das mit dem Bildschirmfoto in Sachen Lesbarkeit der Buchtitel zu unsicher oder die Einstellung in die Galerieansicht nicht möglich ist, kann auch alle bitten, die Titel schnell in den Chat zu schreiben.

Visitenkartentausch: Statt Bücher können die TN auch ihre Visitenkarte hervorholen und ihre Kontaktdaten in die Kamera halten, dann wird die Buchempfehlungsliste zu einer Kontaktliste. Hier sollten Sie besonders gut auf die Lesbarkeit achten und alle bitten, mit ihren Visitenkarten wirklich nah an die Kamera zu kommen und stillzuhalten. Alternativ können die Kontaktdaten in den Chat geschrieben werden.

Digitale Pinnwand-Wortpaare

Thematische Begriffspaare bilden mit unterhaltsamer Methode

Ulrike Götz

Organisation

Anzahl: 2-12 TN

Zeitbedarf: 15-30 Minuten (je nach Anzahl der Memory-Paare)

Material: Keines

Vorbereitung: Vorbereitete Wortpaare in einer Präsentationssoftware

Effekt

› Auflockerung
› Interaktion
› Seminareinstieg
› Gelerntes wiederholen

Anforderung an die digitale Plattform

› Bildschirmteilung
› Chat

Spielbeschreibung und Ablauf

Wählen Sie ein Thema, das durch die Bildung von Wortpaaren wiederholt werden kann. Bereiten Sie mithilfe einer Präsentationssoftware daraus ein Wortpaar-Bild vor (Hintergrund mit beispielsweise 12 Kacheln/Quadraten, auf die Sie jeweils ein Wort/Bild eines Paares schreiben). Dann legen Sie 12 Einzelkacheln von identischer Größe darüber. Diese bezeichnen Sie beispielsweise mit A1, A2, A3, um die Auswahl durch die TN zu erleichtern.

Nun erläutern Sie allen die Aufgabenstellung: Wer beginnt, können Sie mithilfe des Chats ermitteln. Lassen Sie dazu Ihre TN den Satz „Ich bin startklar" in den Chat schreiben und an alle senden. Wer ganz oben im Chat steht, also am schnellsten seine Nachricht abgeschickt hat, darf beginnen. Lassen Sie diesen ersten TN zwei Kacheln benennen und schieben Sie diese Kacheln zur Seite, sodass die Begriffe oder Bilder darunter sichtbar werden. Passen die beiden Begriffe oder Bilder nicht zusammen, dann schieben Sie die Kacheln wieder an ihren ursprünglichen Platz und der nächste TN ist an der Reihe. Handelt es sich um ein richtiges Kartenpaar, so löschen Sie die Abdeckkacheln und lassen den TN noch einmal zwei neue Kacheln benennen.

Nach diesem zweiten Mal geht das Aufdeckrecht auf jeden Fall an den nächsten Spieler.

Variante

Statt nur mit Wortpaaren können Sie auch mit Wort-Bild- oder Bild-Bild-Paaren arbeiten – je nachdem, was am besten für Ihr Thema geeignet ist.

Die Reihenfolge bestimmen Sie entweder nach der Namensreihenfolge im Chat oder alphabetisch nach Vornamen. So ermöglichen Sie die Mitwirkung möglichst aller TN.

Erfassen Sie auf einem Zettel mit den TN-Namen die Anzahl der gefundenen Kartenpaare, um später den Sieger benennen zu können.

Nutzen Sie insbesondere am Anfang der Übung die aufgedeckten Karten für Wiederholungs-

fragen. Nach dem Aufdecken der ersten Karte fragen Sie: „Welcher zweite Begriff könnte hierzu passen?" Erst dann decken Sie die zweite Karte auf. Bei Fachbegriffen lassen Sie den jeweiligen TN kurz eine Definition mit eigenen Worten wiederholen und fragen Sie ebenfalls nach seiner Vermutung für die zweite passende Karte.

Besonderheiten/Anmerkungen

Am Anfang kann es etwas dauern, bis das erste richtige Wortpaar gefunden ist. Dafür geht es dann später umso schneller.

⬤ Eine PowerPoint-Vorlage mit Wortpaaren finden Sie im **Download**.

Fette Überraschung

Anregende Ideenbescherung in Teamarbeit

Phil Stauffer

Organisation

Anzahl: 2 bis maximal 20 TN (sonst dauert es zu lange)

Zeitbedarf: je TN 1-2 Minuten

Material: Keines

Vorbereitung: Keine

Effekt

> Kooperation
> Interaktion
> Reflexion
> Einstieg ins Thema
> Auflockerung

Anforderung an die digitale Plattform

> Videobild der TN für alle sichtbar
> Videobild des Referenten für alle sichtbar

Spielbeschreibung und Ablauf

Eine TN-Gruppe feiert pantomimisch Bescherung. A greift in die Luft und gibt mit klarer pantomimischer Geste ein „Geschenk" an B. B übernimmt diese Gestik und definiert das Geschenk. Kurzer Austausch über diese tolle Überraschung. Dann holt B aus der Luft mit einer neuen großen Geste das Geschenk, das sie/er für A (oder einen anderen TN) mitgebracht hat.

Beispiel:
> Andreas: „Hier Barbara, das habe ich für dich rausgesucht, du hast doch heute Geburtstag." (Er überreicht das Geschenk und definiert damit die Größe und Beschaffenheit.)
> Barbara: „Oh, Wahnsinn, ein Helikopter zum Aufblasen! Das ist ja genau das, was ich wollte."

Besonderheiten/Anmerkungen

Auch hier lockert die körperliche Bewegung am Rechner einerseits auf, andererseits intensivt es den Kontakt. Mit der Übung erreichen Sie eine Verbesserung in der Zusammenarbeit im Team. Der Kern der Übung ist, dass erst der Partner, also der Empfänger des Geschenkes, sagt, was genau das Geschenk ist. Der Geber lernt im wahrsten Sinne das „Loslassen" und das Akzeptieren der Ideen des anderen. TN, denen es schwerfällt, die Kontrolle abzugeben, haben hier ein echtes Learning. TN, die nicht so gern die Verantwortung übernehmen, erfahren, dass auch ihre Beiträge wertvoll und wichtig sind.

© sorbetto/istockphoto

Das Spiel eignet sich besonders im agilen Arbeitsprozess, als Einstieg in die Visionsentwicklung, den Design-Thinking-Prozess und die Phase der Ideengewinnung.

Hilfreich ist, die erste Runde als Beispiel zwischen Ihnen als Trainer und einem munteren Teilnehmer vorzuspielen.

Varianten

Bei einer kleineren Gruppe können auch mehrere Durchläufe gespielt werden. Achten Sie darauf, dass alle mal geschenkt haben und beschenkt wurden. Dazu kann es hilfreich sein, zum Start der Übung eine Zufallsreihenfolge festzulegen.

Wenn Sie eine größere Gruppe haben, können Sie die TN auch in kleineren Teilgruppen in Breakout-Sessions schicken. Wichtig ist, die Übung vorher gut zu erklären und zu zeigen, damit die TN wissen, was in den Gruppenräumen passieren soll.

Hashtags scrabblen

Knifflige Wortfindungen mit Themenbezug und Interaktion

Ulrike Götz

Organisation

Anzahl: 4-12 TN

Zeitbedarf: 10-15 Minuten

Material: Keines

Vorbereitung: Aufgabenstellung auf Folie formulieren. Wenn möglich: digitale Kleingruppenräume vorbereiten

Effekt

› Kennenlernen
› Kooperation
› Interaktion
› Seminareinstieg

Anforderung an die digitale Plattform

› Chat
› Zeicheninstrumente, Kommentierfunktion, Stift
› Digitale Gruppenräume
› Whiteboard-Funktion in den Gruppenräumen bzw. Möglichkeit für TN, ein eigenes Dokument zu teilen

Spielbeschreibung und Ablauf

Teilen Sie die TN für die digitalen Gruppenräume in Vierer-Teams ein. Danach erläutern Sie den Teilnehmern folgende Aufgabenstellung, die Sie parallel auf einer Folie visualisieren:

1. Schreibt die einzelnen Buchstaben eures jeweiligen Vornamens auf das Whiteboard. Das ist euer Buchstaben-Arbeitsmaterial für die weitere Aufgabenstellung.

2. Es dürfen nur diese Buchstaben und jeder Buchstabe nur so oft verwendet werden, wie er hier vorliegt. Es müssen nicht alle Buchstaben verwendet werden – und ihr habt drei Joker, also drei Buchstaben zur freien Wahl.

3. Findet aus diesen Buchstaben drei #Hashtags, die euch positiv auf unser Training einstimmen und ausdrücken, was ihr in diesen Kurs einbringen wollt.

4. Bestimmt eine Person aus eurer Runde, die die Hashtags nach Rückkehr in den Hauptraum in den Chat schreibt.

Tipp: Fordern Sie die TN auf, mit ihren Smartphones ein Foto vom geteilten Bildschirm zu machen, damit die Aufgabenstellung in den Kleingruppen zur Verfügung steht.

Geben Sie am besten ein Beispiel: U l r i k e G a s t o n C h r i s t i a n e H i l t r u d F r i e d r i c h – daraus lässt sich zum Beispiel bilden: #Neugier #Durchhalten #Training

Starten Sie die Kleingruppenräume (Dauer: 10 Minuten). Nach Rückkehr in den Hauptraum bitten Sie jeweils einen TN pro Gruppe, die Hashtags unter Nennung der Gruppe in den Chat zu schreiben: Gruppe 1: # ......, # ......

Variante

Bei größeren Gruppen mit einer entsprechend größerer Anzahl an Buchstaben können Sie auch einen Slogan formulieren lassen.

Besonderheiten/Anmerkungen

Die TN werden positiv auf das Seminar eingestimmt und lernen sich durch den Austausch kennen. Gleichzeitig gelingt ein lockeres Kennenlernen in den digitalen Gruppenräumen.

Bei einer kleinen Gruppe (4-6) und einigen Kurznamen (Udo, Eva ...) können Sie die Möglichkeit anbieten, auch die Nachnamen zu verwenden.

Eine PowerPoint-Datei mit den Spielregeln finden Sie im **Download**.

Ja, aber ... – Ja, und ...

Veränderung gewohnter Kommunikationsschemata

Melanie Künzl & Fabian Brüggemann

Organisation

Anzahl: Beliebig (2er-Gruppen)

Zeitbedarf: 10-20 Minuten

Material: Keines

Vorbereitung: Vorbereiten der Kleingruppenräume mit jeweils zwei TN

Effekt

› Interaktion
› Kooperatives Denken fördern
› Lösungsorientierung
› Flow-Erlebnis

Anforderung an die digitale Plattform

› Digitale Kleingruppenräume
› Diese Übung kann auch von TN mitgemacht werden, die selbst keine Webcam haben, sie müssen allerdings den Bildschirm sehen können. Optimal ist es, wenn die digitale Plattform die Möglichkeit bietet, eine Nachricht an alle TN in die digitalen Kleingruppenräumen zu schicken (wie: „Bitte jetzt wechseln.").

Spielbeschreibung und Ablauf

Bevor Sie die TN als 2er-Teams in die Breakout-Räume schicken, erklären Sie die Aufgabe: „Im digitalen Kleingruppenraum haben Sie die Aufgabe, einen (Betriebs-)Ausflug zu planen. Und zwar nach folgenden Kommunikationsregeln:

Person A startet und macht einen Vorschlag. Ihr Gegenüber – Person B – antwortet auf den Vorschlag immer mit ,Ja, aber …' und erklärt dann, wieso der Vorschlag nicht gut ist. Darauf folgend macht B selbst einen Vorschlag. Auf diesen Vorschlag bekommt sie von A ein ,Ja, aber …', gefolgt von der Erklärung, warum dieser Vorschlag nicht gut ist. Macht wiederum selbst einen Vorschlag … usw."

Eventuell führen Sie einen kleinen Probedurchlauf mit einem TN vor, damit allen klar ist, wie der Dialog ablaufen soll. Danach geht es für den ersten Durchgang in die Zweiergruppen.

Der Dialog könnte dann wie folgt aussehen: Simona macht Mathias einen ersten Vorschlag, z.B.: „Wir könnten doch alle zusammen Kanu fahren!" Mathias antwortet: „Ja, aber einige unserer Kollegen können nicht schwimmen und haben bestimmt Angst! Lass uns lieber eine Wanderung machen." Simona antwortet nun z.B.: „Ja, aber ich habe Knieprobleme und Herbert

aus der Buchhaltung geht es auch so. Lass uns doch einfach zusammen grillen." Usw. Es werden also fleißig neue Vorschläge gemacht, die jeweils mit „Ja, aber …" abgeblockt werden.

Nach 4-6 Minuten holen Sie die 2er-Teams zurück ins Plenum.

Zeit für eine kurze Reflexion:
› Wie habt ihr euch beim Brainstorming gefühlt?
› Gab es das Gefühl von gemeinsamer Ideen-Entwicklung?
› Gab es ein Ergebnis?

Nun folgt Durchgang 2: „Ja, und …" Die Aufgabe: „A und B machen wiederum Vorschläge für den Ausflug, nun jedoch gehen sie auf die Vorschläge ein und ergänzen sie. Statt ,Ja, aber …' wird nun jede Antwort mit einem begeisterten ,Ja, und …' begonnen."

Ein Beispiel – Mathias sagt zu Simona: „Lass uns eine Segeltour machen." Simona antwortet: „Ja, und für diejenigen, die nicht schwimmen können, nehmen wir extra Schwimmringe mit. Und wir gehen auch an Land, um Wanderungen zu machen." Woraufhin Mathias antwortet mit: „Ja, und dann suchen wir uns dort einen schönen Platz und grillen am Abend gemeinsam!"

Nach 4-6 Minuten holen Sie die 2er-Teams wieder zurück ins Plenum. Es beginnt die Reflexionsrunde 2 mit den gleichen Fragen wie beim ersten Durchlauf.

Besonderheiten/Anmerkungen

Die TN verstehen, dass sie im (Arbeits-)Alltag Ideen oft abblocken, statt sie zu respektieren und zu schauen, was aus dieser Idee entstehen kann. Ein kooperatives und auch agiles Denken wird gefördert und der Fokus darauf gelegt, in Lösungen zu denken.

Anhand dieser Übung wird klar, dass ein „Ja, aber ..." eigentlich ein verstecktes „Nein" ist. Da wir das „Ja, aber ..." sehr oft im (Arbeits-)Alltag nutzen, blockieren wir – teilweise ohne dass es

uns bewusst ist – sehr viele Ideen. Dabei geht es nicht zwingend darum, möglichst oft wortwörtlich „Ja, und" zu sagen, denn auch das ist nicht immer möglich. Es geht vielmehr darum, gerade in kreativen Prozessen die Idee der anderen Person erst mal anzunehmen und zu würdigen und dann gemeinsam zu schauen, was aus dieser Idee entstehen kann. Ein innerliches „Ja, und ..." zollt der Idee der anderen Person Respekt und macht sie nicht klein. Und es geht auch darum, mal zu hinterfragen, in welchen Situationen wir eventuell sogar aus Gewohnheit „Ja, aber ..." sagen, in denen es gar nicht notwendig wäre.

Ein weiterer Aspekt ist, dass die innere Haltung von „Ja, und ..." zu einem Erlebnis des Ideen-Flows führen kann. Denn der Prozess der Ideenfindung ähnelt einem wechselseitigen „Sich die Bälle zuspielen" und führt dazu, dass am Ende eine gemeinsam entwickelte Idee als „Ergebnis" entstanden ist.

Mögliche Reflexionsfragen zum Abschluss in der großen Gruppe:
› Wie erging es euch mit dem „Ja, aber ..." und was war bei dem „Ja, und ..." anders?
› Wo in eurem Leben/in welchen Situationen ergibt es eventuell Sinn, öfter mal „Ja, und ..." zu sagen?

Mein Batteriewechsel

Stimmungsbild zum Energielevel

Sandra Bach

Organisation

Anzahl: Bis zu 15 TN

Zeitbedarf: 10-25 Minuten

Material: Zeichenvorlage einer Batterie

Vorbereitung: Foto oder Illustration einer Batterie mit Ladezustand (leer bis voll) auf einer PowerPoint-Folie

Effekt

> Auflockerung
> Interaktion
> Feedback
> Zustand der TN checken

Anforderung an die digitale Plattform

> Bildschirmfreigabe mit Kommentierfunktion der TN

Spielbeschreibung und Ablauf

Sie begrüßen die TN: „Ich würde gerne wissen, wie euer Batterielevel ist und mit wie viel Energie wir heute ins Seminar starten."

Dann teilen Sie den Bildschirm mit dem Batteriebild und bitten alle, die Kommentierfunktion zu nutzen, um ihr Energielevel einzuzeichnen. Am besten mit einem Strich – und neben dem Strich schreibt jeder mit der Textfunktion seinen Namen.

Wenn noch Zeit ist, lassen Sie jede(n) kurz etwas zum eingetragenen Level sagen und formulieren Sie im Anschluss ein kurzes Motto, das zum Gesamtbild passt: „Fast alle auf Hochleistung, na dann kann's losgehen!" Oder: „Alle sind noch etwas müde, deshalb mache ich eine kurze Konzentrationsübung und dann legen wir richtig los."

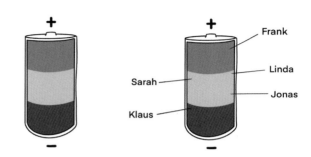

Besonderheiten/Anmerkungen

Diese Übung findet zu Beginn einer Session statt. Auch für Sie ist diese Information wichtig, um sich auf ein eher waches oder zu motivierendes Publikum einzustellen oder zu erkennen, wenn TN ausgepowert sind.

Durch das Visuelle bekommt die Übung einen kleinen kollaborativen und kreativen Touch. Natürlich kann es sein, dass sich nicht jeder hundertprozentig offenbaren möchte. Aber das ist ja auch in Ordnung. Probieren Sie diese Übung sehr gern mal am Morgen nach einer größeren firmeninternen Feier aus!

🔽 PowerPoint-Vorlage mit dem Batterie-Icon im **Download**.

Varianten

Die Batterie ist für vieles eine gute visuelle Metapher. Seien Sie kreativ und entwickeln Sie noch andere:

› Barometer (Stimmungsbarometer)
› Bild mit einem Weg (Vorwissen abfragen)
› Berg (Fortschritt einordnen)
› ...

36

Menschen-Memory

Auflockerndes Teamspiel mit Bewegung

Janine Domnick

Organisation

Anzahl: 7 bis max. 19 TN

Zeitbedarf: 10-25 Minuten

Material: Keines

Vorbereitung: Keine

Effekt

› Auflockerung
› Bewegung
› Kooperation
› Sinnesschärfung
› Aktivierung

Anforderung an die digitale Plattform

› Videobild von allen TN verfügbar (falls nicht: siehe Variante)
› Erstellen eines digitalen Gruppenraumes

B

Spielbeschreibung und Ablauf

Zwei TN werden als „Spieler" des Menschen-Memorys benannt. Alle anderen werden zu den Memory-Karten. Die beiden Spieler verschwinden für einen kurzen Moment in einen virtuellen Gruppenraum, sodass sie die Absprachen der anderen nicht mitbekommen.

Das Spiel wird erklärt: „Wir schärfen nun unsere visuellen Sinne und spielen eine Runde Menschen-Memory. Dazu findet ihr euch zunächst zu zweit zusammen und einigt euch ganz rasch auf eine gemeinsame Geste oder Mimik, die in der Kamera sichtbar ist. Das kann das Fassen an den Brillenrahmen, das Hochziehen der rechten Augenbraue oder ein Schulterzucken sein. Ihr dürft selbst entscheiden, wie leicht oder schwer ihr es den beiden Spielern machen wollt. Bettina, magst du mal anfangen und dir einen Partner aussuchen, mit dem du eine gemeinsame Geste findest?" Durch das direkte Leiten und Ansprechen einzelner Personen können virtuell rasch Pärchen gefunden werden.

Bernd	Betty	Fabian
Ulrike	Christiane	Zamyat
Katrin	Caroline	Janine

Sind alle TN im Raum mit einem Partner und einer gemeinsamen Geste versorgt, werden die beiden Spieler zurückgeholt. Sie spielen nun gegeneinander Memory. Und zwar fängt Spieler A an, zwei beliebige Namen aus der Gruppe zu nennen. Die genannten Personen machen in diesem Moment ihre Geste. Ist es die Gleiche, hat Spieler A einen Punkt und darf noch einmal spielen. Wenn die zwei Namen kein gemeinsames Pärchen sind, ist Spieler B an der Reihe.

Das Spiel wird so lange gespielt, bis alle Pärchen gefunden wurden. Die Dauer der Ak-tivierung hängt stark von der Anzahl der TN ab. Mehrere Pärchen benötigen natürlich mehr Zeit. Alle bereits gefundenen Pärchen dürfen ihre Kamera mit einem Post-it abkleben oder einfach ausschalten, sodass es übersichtlich bleibt, wer noch im Spiel ist.

Besonderheiten/Anmerkungen

Das Menschen-Memory kann hervorragend als spielerische Einführung in das Thema Körper-sprache oder Achtsamkeit verwendet werden. Oder einfach als kleiner Geist-Erfrischer zwi-schendurch.

Variante

Falls sich alle TN nur per Ton zuschalten können, werden die visuellen Gesten einfach in Töne umgemünzt. Die Pärchen einigen sich nun auf gleiche Geräusche, wie Schnalzen, Kaffeetasse laut abstellen, in die Hände klat-schen etc. Es ist um einiges schwieriger für die Spieler, gleiche Pärchen zu erhören, aber trotzdem gut spielbar!

Miezekatze

Gemeinsam spielerisch zeichnen und kommentieren

Sandra Bach

Organisation

Anzahl: Maximal 8 TN

Zeitbedarf: 5-10 Minuten

Material: Zeichenvorlage eines Katzenkopfs (oder anderes beliebiges Motiv) mit Unterteilung in jeweils so viele „Tortenstücke" wie TN-Zahl (siehe Vorlage)

Vorbereitung: PPT-Präsentation mit 3 Charts. Folie 1: Katzen-Motiv mit Unterteilungen. Folie 2: Nur die Unterteilungen ohne Motiv. Folie 3: Nur Motiv ohne Unterteilungen

Effekt

› Auflockerung
› Interaktion

Anforderung an die digitale Plattform

› Bildschirmfreigabe für PPT-Präsentation
› Kommentierfunktion für alle TN: Zeichenstift

Spielbeschreibung und Ablauf

Sie begrüßen die TN: „Heute starten wir mit einer kleinen, kreativen Lockerungsübung. Dabei lernen Sie gleich gemeinsam die Kommentierfunktion kennen. Dabei ist Teamarbeit gefragt!"

Dann starten Sie die PPT-Präsentation mit dem ersten Chart und teilen den Bildschirm. Zu sehen ist das Katzen-Motiv mit Tortenstück-Einteilung. Jedem TN wird nun ein Ausschnitt zugeteilt und mit dessen Namen beschriftet

oder Sie haben dies bereits im Voraus festgelegt. Alle TN wissen nun, welcher Katzen-Ausschnitt ihm/ihr zugeteilt ist.

„Prägen Sie sich Ihren Abschnitt gut ein. Gleich wird dieser ausgeblendet. Ihre Aufgabe ist es, die Linien, die ausgeblendet sind, nachzuzeichnen. Dafür benutzen Sie den schwarzen Stift der Kommentieren-Funktion auf dem Whiteboard."

 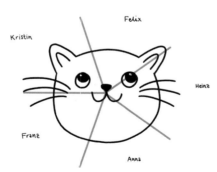 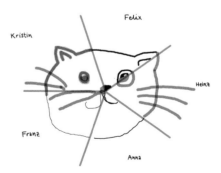

Geben Sie nun allen 30 Sekunden Zeit, sich den zugeteilten Ausschnitt gut einzuprägen.

Wenn alle bereit sind, wird zur nächsten Folie gewechselt, auf der ausschließlich Tortenstück-Unterteilungen mit den Namen und ohne das Motiv zu sehen ist. Mit dem Kommentierfunktion-Stift dürfen die TN nun das Motiv rekonstruieren. Wichtig ist, dass jeder nur in seinem Ausschnitt zeichnet, die Übergänge zu dem Nachbarn aber trotzdem ein Ganzes ergeben.

Ist die Katze fertig, blenden Sie die Tortenstück-Unterteilung aus und lassen alle offenen Verbindungsstellen noch fertig zeichnen. Optional können Sie das Originalmotiv ohne Teilung „hinter" der gemeinsamen TN-Zeichnung noch mal einblenden.

Die Katze bekommt einen Namen, Sprechblasen und natürlich etwas zu fressen.

Besonderheiten/Anmerkungen

Die TN können gemeinsam auf dem Whiteboard etwas erschaffen und lernen dabei die Kommentierfunktion spielerisch kennen. Ein lustiges und einzigartiges Ergebnis ist garantiert!

Das Motiv muss natürlich keine Katze sein (Darth Vader, einfache Mandalas, spezifische Icons oder Symbole). Komplexere Motive sind auch möglich. Mit mehr Details oder Asymmetrien können Sie den Schwierigkeitsgrad beliebig steigern.

Überlegen Sie immer auch gleich mit, welche Assoziationen Sie mit den gezeichneten Figuren oder Dingen für Ihr Seminar verbinden können und welche Fragestellungen Sie mit dieser Übung verknüpfen möchten.

Eine Vorlage mit dem Katzenkopf finden Sie im **Download**.

Montagsmaler digital

Visualisierung von Themen oder Begriffen auf spielerische Art

Friederike Fitzel

Organisation

Anzahl: mind. 3 TN. Bei mehr TN sollte eine Co-Moderation Lösungen im Chat verfolgen und die Gewinner zügig ausfindig machen.

Zeitbedarf: 10-30 Minuten

Material: Keines

Vorbereitung: Begriffe, die zum Thema hinführen oder grundsätzliche Schlüsselbegriffe sammeln

Effekt

› Auflockerung
› Seminareinstieg
› Wiederholung
› Gehörtes/Erlebtes festigen

Anforderung an die digitale Plattform

› Whiteboard
› Private Chatmöglichkeit

Spielbeschreibung und Ablauf

Teilen Sie den Bildschirm und rufen das Whiteboard auf. Ein kurzer Technikcheck und eine Erklärung, vielleicht sogar ein kurzes Ausprobieren oder eine Beispielrunde, sollten dem Spiel vorausgehen. Spielen Sie dem ersten TN einen Begriff über den privaten Chat zu. Die jeweilige Person malt diesen Begriff nun auf das Whiteboard und die anderen raten (je nach TN-Zahl über das Mikro oder den Chat), was zu sehen ist.

Begriffsbeispiele aus einem Kommunikationstraining: Kompromiss, Inneres Team, Konflikt, Kommunikationsquadrat.

Der/die Gewinner/in darf als Nächstes etwas malen.

Varianten

› Wird das Spiel als Einstimmung eingesetzt, können von den TN auch eigene Begriffe, die sie selbst mit dem Thema assoziieren, gemalt werden.

› In einer schwierigeren Version werden ganze Sätze, wie z.B. passende Zitate oder Sprichwörter, gemalt und erraten.

Besonderheiten/Anmerkungen

Begriffe werden gezeichnet und damit in den Köpfen bewegt. Damit können sich TN einschwingen oder Gehörtes bzw. Erlebtes festigen.

Neue Wahl

Kreative Erfahrungsübung außerhalb der Komfortzone

Phil Stauffer

Organisation

Anzahl: Mindestens 3 TN

Zeitbedarf: Je TN 2-3 Minuten

Material: Keines

Vorbereitung: Keine

Effekt

› Kooperation
› Interaktion
› Reflexion
› Einstieg ins Thema
› Auflockerung

Anforderung an die digitale Plattform

› Videobild der TN für alle sichtbar
› Digitale Kleingruppenräume
› Videobild des Referenten für alle sichtbar

Spielbeschreibung und Ablauf

Immer 3 bis 4 TN befinden sich in einem digitalen Kleingruppenraum. Zwei TN spielen eine dialogische Szene am Bildschirm. Eine TN ist Regisseur und ruft immer wieder „Neue Wahl".

Die Szene steht unter dem Motto „Ein kleines Vergehen im Alltag". Die beiden Spieler entwickeln einen Dialog und immer wieder ruft der Regisseur „Neue Wahl". Dann muss der letzte Satz sofort verändert und ein anderes „Angebot" geliefert werden. Wenn der Regisseur nicht „Neue Wahl" verlangt, läuft die Szene ganz normal weiter. Er sollte aber möglichst oft rufen!

Beispiele: Überfall auf eine Tankstelle, der Dieb verlangt Geld ... Dann kommt der Aufruf des Regisseurs: „Neue Wahl!" – Der Dieb muss sein Anliegen immer wieder neu formulieren. Oder: Der Weihnachtsmann kommt durch den Schornstein, sagt zum Kind etwas ... und dann immer wieder „Neue Wahl!". Oder: Kündigungsgespräch im Unternehmen. Der Chef beginnt ...

Besonderheiten/Anmerkungen

Hier verlassen die TN die Komfortzone. Auch Zurückhaltende gehen aus sich raus und entdecken neue Möglichkeiten: In dieser Übung geht es darum, ein bisschen gemein zu sein, um die echte Kreativität, die im Verborgenen liegt, hervorzulocken. Wir entdecken, dass es noch viel mehr Möglichkeiten gibt, als wir im vollen „Kontroll-Modus" gedacht haben. Dort liegt oft unerwartetes Potenzial.

Das Spiel eignet sich besonders, um das Mindset im Change-Prozess zu schulen. Der Unterschied zwischen agiler und statusorientierter Arbeitsweise wird hier deutlich. Vorgefertigte Antworten mit einer klaren Zielsetzung: kreativ, witzig, originell etc. funktionieren nicht, da sich die Situation ständig ändert.

Wir empfehlen, die erste Runde zwischen Ihnen als Trainer/in und einem TN vor der gesamten Gruppe durchzuführen, damit allen klar ist, wie die Übung ablaufen soll.

Die Rolle der Spielenden und des Regisseurs kann nach einer von Ihnen vorgegebenen Zeit gewechselt werden, damit alle sich in den verschiedenen Rollen erleben können.

Scherenschnitt

Aufschlussreiche Kommunikationsübung mit haptischer Erfahrung

Anna Langheiter

Organisation

Anzahl: 4-20 TN

Zeitbedarf: 5 Minuten oder länger

Material: Alle benötigen ein Blatt A4-Papier.
Bei den Varianten entsprechend drei Blätter A4-Papier

Vorbereitung: Keine

Effekt

› Interaktion
› Seminar- oder Themeneinstieg
› Aktives Zuhören
› Übung zu klaren Anweisungen
› Gleiche Ergebnisse erzielen

Anforderung an die digitale Plattform

› Alle TN sind über Video sichtbar.
› Bei einer Reflexion nach der Übung ist ein Whiteboard zum Erfassen der Ergebnisse hilfreich.
› Screenshot-Funktion hilfreich

Gert Schilling (Hrsg.): 80 Spiele fürs Live-Online-Training

Spielbeschreibung und Ablauf

Starten Sie die Übung mit einer leichten Aufgabe für die TN: „Sucht euch ein Blatt Papier, das auch zerrissen werden darf." Warten Sie, bis alle wieder vor dem Bildschirm erscheinen.

Nachdem alle TN schon mal in Bewegung gekommen sind, geht es weiter: „Ich werde euch jetzt eine Aufgabe geben. Ihr folgt genau meinen Anweisungen."

Dann fangen Sie an, Anweisungen zu geben, wie die TN das Blatt falten und an der einen oder anderen Ecke ein Stück abreißen sollen.

„Ihr faltet das Blatt jetzt bitte in der Mitte. Faltet es nochmals in der Mitte. Reißt die obere linke Ecke ab. Faltet es jeweils von außen zur Mitte. Reißt die untere rechte Ecke ab. Faltet es einmal auseinander und macht noch ein Loch in der Mitte der rechten Kante."

Halten Sie während der Angaben ihr eigenes Blatt nicht in die Kamera. Auch die TN bearbeiten ihr Blatt Papier abseits der Kamera. Rückfragen sind nicht erlaubt. Falls die TN trotzdem nachfragen, antworten Sie: „Folge einfach meinen Anweisungen, so, wie du sie verstehst, ohne nachzufragen."

Zum Schluss werden die – erfahrungsgemäß sehr unterschiedlichen – Ergebnisse vor die Kamera gehalten. Dies eignet sich vorzüglich für einen Screenshot, der entweder direkt gezeigt oder im Fotoprotokoll erscheinen kann.

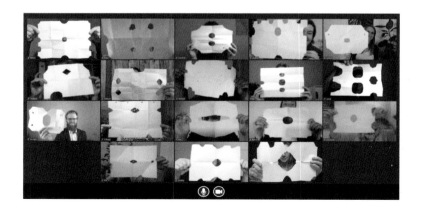

Mögliche Reflexionsfragen bieten sich an: Was ist passiert? Wieso sind die Ergebnisse so unterschiedlich? Was genau ist unterschiedlich? Was können wir tun, damit die Ergebnisse das nächste Mal gleich oder ähnlich sind?

Varianten

Zweite Runde: Eine mögliche zweite Runde besteht darin, die Vorschläge aus der Reflexionsphase aufzunehmen und die Übung nochmals durchzuführen. Dabei sind z.B. Rückfragen erlaubt. Sie halten das Papier in die Kamera, die Größe der abzureißenden Teile wird bestimmt, Zwischenergebnisse werden abgeglichen. Es zeigt sich, dass klare Kommunikationsregeln viel vergleichbarere Ergebnisse bringen.

Dritte Runde: In der dritten Runde übergeben Sie an einen TN. Dieser hält sich an die Regeln der zweiten Runde und probiert, Anweisungen zu geben. Hier ist häufig die Erkenntnis, dass es gar nicht so leicht ist, klare, eindeutige Aufträge zu erteilen.

Besonderheiten/Anmerkungen

Bewährt hat sich die Übung bei allen Themen, bei denen es um klare Arbeitsanweisungen, klare Anleitungen für Aufgaben im Online-Bereich, Auftragsklärung, Projektklärung und Kommunikation geht.

Quelle: Das Spiel Scherenschnitt habe ich bei Dominic Wilhelms im Seminarkontext erlebt.

Selbstlaute chatten

Lebendige Auflockerung mit Themenbezug

Gert Schilling

Effekt

› Wiederholung
› Einstieg ins Thema
› Auflockerung
› Tempo in der Gruppe

Anforderung an die digitale Plattform

› Chatmöglichkeit für die TN
› Videobild des Referenten für alle sichtbar

Organisation

Anzahl: 2 TN bis unbegrenzt

Zeitbedarf: 3-5 Minuten

Material: Vorbereitete Wortteile auf A4-Papier

Vorbereitung: Stichworte zum Seminarinhalt groß auf A4-Bögen schreiben oder drucken. Bei den Worten fehlen die Selbstlaute a, e, i, o, u. Pro Wort ein Blatt A4-Papier verwenden.

Eventuell kleiner (symbolischer) Gewinn

Spielbeschreibung und Ablauf

Die TN werden in 2 bis 4 Gruppen aufgeteilt. Die Gruppen spielen gegeneinander. Als Anreiz ist ein symbolischer Gewinn am Ende des Spiels möglich.

Die Gruppenaufteilung kann zum Beispiel so erfolgen: „Ich teile euch in vier Gruppen ein, und zwar nach den vier Jahreszeiten, Frühling, Sommer, Herbst und Winter. Alle, die im Frühling Geburtstag haben, sind Gruppe 1, im Sommer Gruppe 2, im Herbst Gruppe 3 und alle Wintergeburtstagskinder bilden die Gruppe 4."

Nachdem die Gesamtgruppe aufgeteilt ist, wird das Spiel erklärt: „Ich habe Begriffe auf A4-Blätter zu unserem Seminarthema notiert. Diese Zettel werde ich in die Kamera halten. Allerdings fehlen bei den Begriffen die Selbstlaute. Eure Aufgabe ist es, nun das vollständige Wort zu erkennen und möglichst schnell in den Chat zu schreiben.

Damit wir erfahren, welche Gruppe das Wort am schnellsten erkannt hat, bitte ich euch, die Gruppenzahl neben das Lösungswort zu tippen. Wenn jemand aus eurer Gruppe der oder die Schnellste ist, erhält die Gesamtgruppe einen Punkt. Die Gewitzten haben jetzt schon den Chat geöffnet und die Gruppenzahl eingetippt."

Nachdem der Ablauf geklärt ist, bietet sich ein Testwort an, für das es noch keinen Punkt gibt. Halten Sie den Zettel für alle erkennbar in die Kamera. Sie werden überrascht sein, wie schnell das Lösungswort im Chat erscheint.

Jetzt geht es los. Halten Sie nach und nach die Blätter in die Kamera. Die TN schreiben die Lösung in den Chat. Nachdem die ersten Lösungsworte erscheinen, bestätigen Sie die Richtigkeit – und weiter geht's.

So könnte eine Wortsammlung bei einem Seminar zum Thema Online-Didaktik aussehen:

cht // nln // brk t sssn // nstg // bschlss // lptp // hndy // ntrnt // bnnndffrnzrng // xprssv lrnphs // ktvrng // hdst // wbcm // stmmschltn // vd // kmmntrn // fzt

Die Lösungsworte:
Chat // Online // Break out Session // Einstieg // Abschluss // Laptop // Handy // Internet // Binnendifferenzierung // Expressive Lernphase // Aktivierung // Headset // Webcam // Stummschalten // Video // Kommentieren // Fazit

Variante

Bei einer kleineren Gruppe können Sie die TN die Worte auch „reinrufen" und jeden für sich Punkte sammeln lassen.

Zum Abschluss wird die Gewinnergruppe mitgeteilt. Schön ist es, wenn Sie allen Gruppen einen symbolischen Gewinn „überreichen".

Anmerkung

Bei größeren Gruppen trudeln in kürzester Zeit viele Lösungen ein. Deshalb kann es hilfreich sein, eine/n Co-Moderator/in zu haben oder zu benennen, die/der eine Punktestrichliste führt, wer im Chat am schnellsten die richtige Lösung gefunden hat.

Snap of the desk

Ein Gegenstand lädt zu einem tieferen Gespräch ein

Andrea Rawanschad & Heidrun Künzel

Organisation

Anzahl: Unbegrenzt

Zeitbedarf: 5-20 Minuten

Material: Nichts Besonderes, was so auf dem Schreibtisch herumliegt

Vorbereitung: Keine

Effekt

› Kennenlernen
› Entspannten Einstieg ins Seminar/Thema finden
› Persönliches teilen
› Man kann nichts falsch machen

Anforderung an die digitale Plattform

› Kleingruppenfunktion nötig, digitale Kleingruppenräume
› Bei kleineren Gruppen geht es auch ohne digitale Kleingruppenräume.

Gert Schilling (Hrsg.): 80 Spiele fürs Live-Online-Training

Spielbeschreibung und Ablauf

Sie fordern die Gruppe auf: „Schaut mal um euch herum und guckt, was es an interessanten Gegenständen auf eurem Schreibtisch oder im Raum gibt! Eine Anregung: eher was Ungewöhnliches oder Unerwartetes. Nicht, dass jeder seine Kaffeetasse hochhält."

Jetzt teilen Sie die Gruppe in Kleingruppen zu 3 bis 4 TN auf. Für die Kleingruppen formulieren Sie folgende Instruktion: „Tauscht euch aus! Was ist die Geschichte zu diesem Gegenstand? Assoziiere: Was hat der Gegenstand mit dem zu tun, was du beruflich machst?"

Variante

Das funktioniert natürlich auch für andere Themen als Assoziation. Zum Beispiel: „Was hat der Gegenstand mit dem Thema und deiner Einstellung dazu zu tun?"

Je nachdem, welche Fragestellung Sie zu dem Gegenstand in die Kleingruppe geben, entsteht ein lockerer oder tieferer Austausch.

Speeddating

Diese Methode zeigt einmal mehr: gute Fragestellung – guter Austausch

Anna Langheiter

Organisation

Anzahl: 4-20 TN

Zeitbedarf: 5-45 Minuten

Material: Keines

Vorbereitung: Fragen für die jeweiligen Runden überlegen

Effekt

› Auflockerung
› Seminareinstieg
› Kennenlernen
› Themenbezug herstellen
› Wiederholen der Themen des Vortages
› Seminarabschluss

Anforderung an die digitale Plattform

› Kleingruppenbildung in digitalen Räumen

Gert Schilling (Hrsg.): 80 Spiele fürs Live-Online-Training

Spielbeschreibung und Ablauf

Beim Speeddating geht es darum, dass TN schnell in Kontakt kommen und sich über sich selbst und/oder ein Seminarthema austauschen.

Während die TN im Seminarraum im Innen- und Außenkreis sitzen und nach einigen Minuten weiterrücken, bietet sich online die wunderbare Möglichkeit der digitalen Kleingruppenräume an. Man kann die Untergruppen vom System zufällig mischen lassen oder einen genauen Plan machen, wer mit wem zusammenfindet.

Dabei können Sie Zweiergruppen, aber auch Dreier- und Vierergruppen mischen. Das Thema kann sehr frei gewählt werden. Es wird in jeder Runde dasselbe sein bzw. es wird ein neues Thema gegeben. Es hat sich bewährt, auf die Dauer zu verweisen, damit jeder TN auch gleich viel Zeit für das jeweilige Thema hat. Meist kann man das Speeddating über 3-4 Runden durchführen. Die Entscheidung über die Häufigkeit ist abhängig vom Ziel der Übung.

Beim Kennenlernen: „Ich werde euch gleich in Dreiergruppen in Gruppenräume verteilen. Tauscht euch darüber aus, wo ihr seid, was ihr beruflich macht und was euch in genau dieses Seminar geführt hat. Dafür habt ihr 10 Minuten Zeit. Ich werde euch nach je 3 Minuten eine kurze Mitteilung in den Raum schicken, damit ihr wisst, dass der Nächste dran ist, etwas über sich und sein Hiersein zu erzählen.

Der Raum wird nach den 10 Minuten automatisch geschlossen und wir sehen uns im Plenum wieder."

Anmerkung

Eine ganz einfache Methode, die durch die Qualität der Fragestellung gewinnt.

Varianten

Themenbezug herstellen

Überlegen Sie sich Fragen, die die TN zum Trainingsthema beantworten sollen. Dabei kann man die Fragen über die Runden beibehalten, denn die TN werden ja meist neu zusammengewürfelt oder man kann in jede Runde eine neue Frage einspielen.

Wiederholung von Themen des Vortages oder Seminarabschluss

> Was waren für euch die wichtigsten Themen des Vortags/ des Trainings?
> Was von dem hier Gelernten werdet ihr in den nächsten drei Tagen schon im Alltag umsetzen?

Schlussreflexion

Auch die Übung „Was lasse ich hier – was nehme ich mit?" kann im Speeddating gut verwendet werden.

Spieglein, Spieglein

Reflexion der eigenen Rolle im Hinblick auf Führen und Geführtwerden

Caroline Winning

Organisation

Anzahl: 4 TN bis unbegrenzt

Zeitbedarf: 15 Minuten

Material: Keines

Vorbereitung: Keine

Effekt

> Auflockerung
> Bewegung
> Kooperation
> Interaktion
> Feedback
> Erfahrung von Resonanz im Kontakt mit anderen
> Training von Körperwahrnehmung und Achtsamkeit

Anforderung an die digitale Plattform

> Alle sind über Video sichtbar.
> Kleingruppenbildung in digitalen Räumen möglich
> Hilfreich ist, wenn Sie eine Nachricht in die digitalen Kleingruppenräume schicken können.
> Hilfreich ist es auch, eine automatische Gruppenzuteilung vornehmen zu können.

Spielbeschreibung und Ablauf

Die Spielleitung erläutert die Abfolge der Übung mit ihren 3 Runden (zum besseren Verständnis bietet sich zusätzlich eine Demo an): Es geht darum, einander zu spiegeln. Eine Person führt dazu körperliche Bewegungen aus. Die Bewegungen können klein oder groß ausfallen, mit dem ganzen Körper oder einzelnen Körperteilen, im Sitzen oder Stehen, schnell oder langsam. Der Fantasie sind keine Grenzen gesetzt. Die Partnerin/der Partner folgt den Bewegungen wie in einem Spiegel. Es gibt 3 Runden. Für jede Runde sind 2 Minuten Zeit. Als Signal zum Wechsel schickt die Spielleitung eine Nachricht in die digitalen Räume.

Dafür werden die TN in Kleingruppen mit jeweils 4 Mitspieler/innen eingeteilt. Damit das zügig erfolgt, kann dafür die automatische Gruppenbildung im virtuellen Tool genutzt werden.

Die TN finden innerhalb ihrer Kleingruppe eine/n Partner/in. Es wird vereinbart, wer die Bewegungen ausführt und wer spiegelt. Nach 2 Minuten erhalten alle ein Signal (Nachricht in die digitale Kleingruppe) zum Beenden der ersten Runde und zum Wechsel. Die Partner werden getauscht. Die neuen Paare vereinbaren, wer in dieser Runde führt und wer spiegelt. Der Vorgang wird wiederholt. Nach weiteren 2 Minuten erfolgt erneut ein Signal und beendet die zweite Runde.

In der dritten Runde geht die Kleingruppe in einen gemeinsamen Prozess. Hier wird nicht vereinbart, von wem die Bewegungen ausgehen, stattdessen erfolgt der Wechsel zwischen „Eine Bewegung ausführen" und „Spiegeln" dynamisch. Jede/r in der Gruppe kann einen Bewegungsimpuls initiieren, die anderen drei folgen, bis ein neuer Bewegungsimpuls von einem anderen TN dazukommt und von den anderen TN gespiegelt wird usw. Die Runde wird wiederum nach 2 Minuten beendet.

Alle kehren in den Hauptraum zurück und sind nun eingeladen, zu schildern:

› Wie haben sie sich selbst in den Runden erlebt?
› Wie leicht oder schwer fiel es ihnen, Bewegungen vorzugeben bzw. zu spiegeln?
› Wie haben sie die Interaktion untereinander wahrgenommen?
› Wie wurde der Prozess insgesamt erlebt?

Besonderheiten/Anmerkungen

Die Übung kann größere emotionale Reaktionen auslösen. Sie sollten in der anschließenden Reflexionsphase aufmerksam für rückgemeldete Irritationen sein und diese im Nachgang ggf. einzeln auffangen.

Je größer die Teilnehmendengruppe, desto mehr Zeit braucht die Reflexionsphase.

Start, Stop, Continue

Klarheit über die Wünsche der Teilnehmenden im weiteren Verlauf des Online-Trainings gewinnen

Sabine Venske-Heß

Organisation

Anzahl: Bis zu 20 TN

Zeitbedarf: 5-15 Minuten

Material: Keines

Vorbereitung: Evtl. Eingabe in den Chat in separatem Dokument für copy and paste vorbereiten

Effekt

› Kooperation
› Feedback
› Abschluss
› Zwischenbilanz

Anforderung an die digitale Plattform

› Chatfunktion

Spielbeschreibung und Ablauf

Es geht los: „Bitte öffnet die Chatfunktion und macht euch schreibbereit."

Vor der Mittagpause oder bei mehrtätigen Online-Trainings am Abend holen Sie sich mit dieser Methode ein Feedback ein. Meist sind die Aussagen der TN sehr ehrlich und gut verständlich, wenn Sie dieses Vorgehen nutzen. Nehmen wir an, wir befinden uns zeitlich kurz vor der Mittagspause.

„Ich mag wissen, was von unserer Arbeitsweise euch hilft und was ihr anders braucht. Damit ich den geplanten Verlauf des Nachmittags evtl. anpassen kann, bitte ich um kurze Aussagen im Chat zu folgenden drei Kategorien …"

Sie schreiben den folgenden kurzen Text in den Chat oder fügen den vorbereiteten und kopierten Text ein, damit es flott geht.

> Start – Womit soll ich (neu) anfangen?
> Stop – Was soll ich aufhören zu tun?
> Continue – Was soll ich beibehalten?

„Alles, was dir bisher fehlt, schreib bitte mit dem Stichwort Start in den Chat. Womit ich dich evtl. nerve, kommt hinter Stop. Und was dir beim Lernen hilft, was ich also nachmittags weitermachen soll, schreib bitte hinter Continue. Gib mir bitte ein Plus-Zeichen in den Chat, wenn du alles eingegeben hast, was du mitteilen magst."

„Prima, danke. Ich schaue mir das in der Pause an und sage euch zu Beginn der Nachmittagsrunde, was ich daraus abgeleitet habe. Jetzt erst mal ‚Guten Appetit!', wir sehen uns um 13:37 Uhr wieder."

Variante

Diese Systematik aus der agilen Retrospektive kann natürlich auch für die Transfersicherung genutzt werden: „Was wirst du nach diesem Training neu beginnen – Start. Was wirst du aufhören zu tun, weil es dir jetzt nicht mehr zielführend erscheint – Stop. Und worin bist du bestätigt worden, sodass du es bewusst beibehalten magst – Continue."

Anmerkungen

Unklare Aussagen hinterfragen Sie nach der Pause, ansonsten fassen Sie zusammen, was Sie an Änderungswünschen verstanden haben und an den Wünschen zum Beibehalten. Sie gleichen das mit den Lernzielen und dem geplanten Vorgehen ab und erzählen den TN nach der Pause die wichtigsten Schlussfolgerungen aus diesen Überlegungen. Also was ändern Sie wie, was behalten Sie bei – und was machen Sie trotz eines Wunsches anders – und warum.

Stets Veränderungen – Change Game

Kleine Veränderungen und ihre Wirkung erleben

Julian Kea

Organisation

Anzahl: Eine bis mehrere Gruppen mit 3-6 TN

Zeitbedarf: 20 Minuten, ggf. kürzer bei weniger Wiederholungen

Material: Akustisches Zeitsignal zum Wechseln

Vorbereitung: Gruppeneinteilung vorbereiten

Effekt

> Auflockerung
> Interaktion
> Wirkung kleiner Veränderungen erfahren

Anforderung an die digitale Plattform

> Alle TN sind über Video sichtbar.
> Kleingruppenbildung in digitalen Räumen möglich (optional)
> Die TN können unsichtbar geschaltet werden (optional).

Spielbeschreibung und Ablauf

Zuerst bilden Sie zwei gleich große Gruppen. Bitten Sie die Gruppen, nacheinander ihre Kamera an- bzw. abzuschalten, sodass jedes Gruppenmitglied die Gelegenheit hat, sich alle Videobilder der eigenen Gruppenmitglieder einzuprägen. Maximal 60 Sekunden Zeit pro Gruppe genügen.

Anschließend werden alle Kameras ausgeschaltet und die TN eingeladen, je drei Dinge an sich und dem sichtbaren Teil ihres Bildes zu verändern. Nicht erlaubt ist es, die Kameraposition zu verändern. Maximal 30 Sekunden Zeit genügen.

Die Kameras werden zur gegenseitigen Suche anschließend wieder gruppenweise angeschaltet und die eigenen Gruppenmitglieder aufgefordert, die drei Veränderungen pro Mitglied der eigenen Gruppe zu erkennen und laut zu benennen.

Nicht entdeckte Veränderungen werden an dieser Stelle noch nicht verraten und werden somit noch nicht aufgelöst. Nach maximal 60 Sekunden pro Gruppe ist die gemeinsame Suche beendet.

Die TN starten nun die zweite Runde. Dafür schalten sie wieder ihre Kamera aus und verändern je drei weitere Dinge an sich und dem sichtbaren Teil ihres Bildes. Danach folgt wieder eine gruppenweise Suche nach den Veränderungen.

Es empfiehlt sich, mindestens 3-5 Runden zu spielen, um auch kreative Veränderungen zu forcieren und erste innere Widerstände auszulösen. Nach der letzten Runde können alle nicht entdeckten Veränderungen aufgedeckt werden.

Anregungen für die Reflexionsphase:

› Was war die größte Herausforderung in diesem Spiel?
› Was hat den TN gefallen und was nicht?
› Welche Ideen, Innovationen oder Veränderungen sind entstanden?
› Was war überraschend?
› Welche Veränderungen in der Gruppendynamik wurden erlebt?
› Welche interessanten Verhaltensmuster wurden beobachtet?
› Wie war diese Erfahrung für die einzelnen TN und wie sind sie mit ihren Gefühlen umgegangen?

Bonus-Frage: Nach der letzten Reflexionsfrage, wenn die TN bereits den nächsten Tagungsordnungspunkt erwarten, lassen Sie alle nochmals nach den Veränderungen schauen. Fast immer werden die Veränderungen bereits während der gemeinsamen Reflexionsrunde rückgängig

Varianten

> Das Spiel kann auch paarweise gespielt werden. Bei dieser Variante können die Gruppen von Runde zu Runde optional auch neu gemischt werden.
> Ab der zweiten Runde können auch mehr Veränderungen (bis zu sechs) eingefordert werden.

gemacht. Reflektieren Sie mit den TN nun diese Fragen:

> Was ist mit den Veränderungen passiert?
> Warum wurden sie verändert?
> Wo im Arbeitsalltag begegnen uns ähnliche Verhaltensweisen?
> Worüber sind sie sich jetzt mehr im Klaren?
> Was sind kritische Erfolgsfaktoren für erfolgreiche, gelungene und nachhaltige Veränderungen?

Besonderheiten/Anmerkungen

Im Spiel erleben die TN, welche Wirkung bereits kleine Veränderungen haben und wie sehr viele (kleine) Veränderungen zu einem Gefühl der Überforderung und inneren Widerständen führen können. Die TN werden eingeladen, ihrer Frustration nicht nachzugeben, sondern diese bewusst zu erleben und zu beschreiben, um anschließend Erfolgskriterien von nachhaltigen Veränderungen zu reflektieren.

Das Bilden von Kleingruppen und „Breakout-Räumen" mit einem Videokonferenztool dauert erfahrungsgemäß zu lange und unterbricht den Spielfluss. Sinnvoller ist eher das Bilden von Untergruppen im Hauptraum von bis zu sechs Personen. Bei mehr als 18 TN lohnt es sich, moderierte „Breakout-Räume" in Erwägung zu ziehen.

Quelle: Nancy Beers, Happy Scrum Master, Haarlem/Niederlande.

Stop Start – Start Stop

Fehler machen erlaubt – dynamisch und mit Spaß in Bewegung kommen

Julian Kea & Anne Hoffmann

Organisation

Anzahl: 10-30 TN

Zeitbedarf: 10 Minuten

Material: Keines

Vorbereitung: 2-3 Aufgaben-pärchen, bestehend aus je einer Sprachaufgabe (z.B.: „Den eige-nen Namen sagen") und einer Be-wegungsaufgabe (z.B.: „Eine Welle mit dem Arm zeigen")

Effekt

› Auflockerung
› Bewegung
› Fehlerkultur überdenken
› Anregung von „Unlearning" und Loslassen

Anforderung an die digitale Plattform

› Alle/zumindest ein Teil der TN sind über Video sichtbar.
› Synchrone Leitung (kein/wenig Delay, sonst ist es nicht so witzig/dynamisch)
› Kleingruppenbildung in digitalen Räumen möglich (bei Variante mit großer Gruppe)

Spielbeschreibung und Ablauf

Laden Sie die TN ein, ihre Kamera und ihr Mikrofon einzuschalten. In der Anmoderation werden die Anweisungen sowie die dazugehörige Reaktion vorgemacht und alle zum Nachmachen eingeladen: „Sag deinen eigenen Namen, wenn ich ‚Name' sage." Und: „Mache mit deiner linken Hand eine Wellenbewegung, wenn ich ‚Welle' sage."

Wiederholen Sie die Anweisungen 5-8 Mal, bis die TN sehr direkt, fast automatisch, antworten. Dies war der „Übungsmodus".

Dann ändern Sie die Anweisung wie folgt: „Vertausche jetzt die Reaktionen. Wenn ich ‚Name' sage, dann zeigst du eine Welle und bei der Anweisung ‚Welle' sagst du deinen Namen." Genießen Sie das Ergebnis und versichern Sie den TN, dass Fehlermachen okay ist. Lachen Sie viel gemeinsam.

Besonderheiten/Anmerkungen

› Kann bei Bedarf mittels einer Reflexion als Einstieg in die Themen Fehler machen, Risikobereitschaft etc. genutzt werden.
› Bei größeren Gruppen (31+ Spielende) können auch Untergruppen gebildet werden.

Varianten

› Falls jemand nach einem Fehler ausscheiden soll, definieren Sie den Zeitpunkt, ab wann Ausscheiden möglich ist.
› Alternativ: Erhöhen Sie die Geschwindigkeit, bis es absurd ist, und keiner mehr mitkommt.
› Die Bewegungsaufgaben können mehr und weniger dynamisch gestaltet werden, z.B. schnipsen, Welle mit dem Arm zeigen, aufstehen, hüpfen, tanzen. Wichtig ist nur, dass in einem Aufgabenpärchen einmal Sprache und einmal Bewegungsmuster abgebildet werden.

Für Gruppen, die das Spiel schon häufiger gespielt haben: Andere Anweisungen werden eingeführt, indem Sie weitere Sprach- und Bewegungspaare vorstellen, z.B.: „Schnipse mit den Fingern, wenn ich ‚Schnipsen' sage." Und: „Sage deine Lieblingsfarbe, wenn ich ‚Farbe' sage."

TEAM-Motto kreieren

Akronym-Suche zum Wort TEAM

Betty Boden

Organisation

Anzahl: 2 bis maximal 9 TN

Zeitbedarf: 15-25 Minuten, davon
- 3 Minuten Erklärung mit inspirierender Ansprache
- 1 Minute Einteilung der Kleingruppen
- 6 plus 1 Minute in den Gruppenräumen
- 4-10 Minuten Vorstellung der Gruppenergebnisse im Plenum und Wahl des Mottos

Material: TN haben Papier und Stift zur Hand, um Ideen zu notieren.

Optional zur Abstimmung: Jedes Teammitglied hat je einen Zettel mit den Zahlen 1, 2, 3 (je nach Anzahl der Kleingruppen), um das Motto auszuwählen.

Vorbereitung: Arbeitsauftrag erstellen, entweder als digitale Folie oder als Flipchart; eventuell Beispiele überlegen, die für Ihr Team passen:

- **T**eamarbeit **E**röffnet **A**ndere **M**öglichkeiten
- **T**raumhafte **E**rgebnisse **A**ls **M**arktführer
- **T**eilt **E**ure **A**rbeit **M**iteinander

Effekt

› Kooperation
› Interaktion
› Teamspirit stärken
› Zusammenarbeit verbessern

Anforderung an die digitale Plattform

› Digitale Kleingruppenräume mit zufälliger oder manueller Gruppenbildung
› Chat

Spielbeschreibung und Ablauf

Die Mitglieder des Teams erhalten die Möglichkeit, ein TEAM-Motto für das gesamte Team zu kreieren.

Allererster Schritt: Inspirierende Ansprache – individuell abhängig von der Beziehung der Workshopleitung zum Team. Oder die Teamleitung übernimmt diesen Teil.

Eine eher neutrale Anmoderation könnte so lauten: „Ich habe den Vorschlag/die Idee, dass Sie für Ihr Team ein TEAM-Motto kreieren. Und zwar, indem Sie für das Akronym ‚TEAM' möglichst prägnante Slogans finden, die für Ihr Team passen. Also zum Beispiel: Tut Etwas Außergewöhnliches Miteinander oder Tolle Ehrgeizige Auffällige Mitarbeiter. Auf geht's!"

Das Team wird in Kleingruppen von je 3 Personen eingeteilt. Entweder zufällig, oder Sie legen die Zusammensetzung der Kleingruppen fest. Im folgenden Beispiel mit 9 Personen erhalten wir 3 Kleingruppen.

Die Kleingruppen haben in ihrem Gruppenraum 6 Minuten Zeit, um Ideen zu sammeln, diese zu notieren und sich für einen Vorschlag fürs Gesamtteam zu entscheiden. Sie bekommen eine weitere Minute, um zum Ende zu kommen, bevor sie automatisch zurück in den Hauptraum „transportiert" werden.

Die 3 Kleingruppen stellen ihre Ergebnisse im Plenum vor und nennen ihren Favoriten, ihre Nominierung fürs Gesamtteam.

Nun stehen 3 Vorschläge zur Wahl, und es wird mit dem gesamten Team abgestimmt:

› Die 3 Vorschläge werden in den Chat geschrieben oder

› die Workshopleitung liest alle 3 Vorschläge noch einmal langsam vor, und ein Mitglied der Kleingruppe hält gleichzeitig den Vorschlag auf Papier geschrieben in die Kamera.

Dann kann abgestimmt werden:

› Beispielsweise mit den Fingern: Vorschlag 1, 2 oder 3 mit jeweils einem, zwei oder drei Fingern.

› Oder mit Zetteln: Alle, die für Vorschlag 1 sind, zeigen ihren Zettel mit der Zahl 1 usw.

› Oder die TN schreiben ihre Zahl in den Chat.

Sie als Workshopleitung sagen und notieren die jeweilige Anzahl. Wenn es zu einem Patt kommt, dann kommt es entweder zu einer Stichwahl oder das Team entscheidet, beide zu nehmen. Nach meiner Erfahrung ist das meistens der Fall :-)

Besonderheiten/Anmerkungen

Gleich nach der Wahl oder dem Workshop kann die Teamleitung das gewählte Motto selbst oder vom Team gestalten lassen. Oder alle gestalten zusammen (hängt von der Größe und der Dynamik des Teams ab). So bekommt das gewählte TEAM-Motto zusätzlich zum Wortlaut auch grafisch, visuell, akustisch usw. eine wirksame Aussagekraft. Beispiele könnten sein: Motto in schöner Schrift mit einem Rahmen verziert, eine Collage, ein Cartoon, Gedicht oder Lied. Das Ergebnis kann dann z.B. ausgedruckt in Sichtweite der Arbeitsplätze angebracht werden.

Teekesselchen

Sensibilität für Mehrdeutigkeit von Sprache entwickeln

Friederike Fitzel

Organisation

Anzahl: wenigstens 4 TN

Zeitbedarf: 10 Minuten

Material: Keines

Vorbereitung: Wortpaare für das Teekesselchenspiel ausdenken

Effekt

› Seminareinstieg
› Verdeutlicht Mehrdeutigkeit von Sprache
› Schult Zuhören und Nachfragen
› Offenheit für andere Interpretationen

Anforderung an die digitale Plattform

Schön ist ein privater Chat zum geheimen Übermitteln der Wortpaare. Alternativ kann dies auch im Vorfeld mit der Einladungs-E-Mail geschehen oder das Wort wird auf einem kleinen Schild hochgehoben, während alle TN bis auf zwei (manchmal auch drei) weggucken.

B

Spielbeschreibung und Ablauf

Ein sogenanntes Teekesselchen sind Begriffe, die zwei verschiedene Bedeutungen haben. Hier einige Ideen.

Einfach:

› Strauß (Vogel und Blumen)
› Schloss (Wohnsitz einer Adelsfamilie und Verschließvorrichtung)
› Boxer (Sportler und Hund)
› Mutter (Person und Schraubenmutter)

Schon schwieriger:

› Blüte (Blume und Falschgeld)
› Angel (für Fische und Tür)
› Pass (Gebirge und Reisepass)
› Mine (im Berg und zum Schreiben)
› Fliege (Tier und als Krawatte)
› Kunde (Käufer und Nachricht)

Und Zahn, Zelle, Sichel, Rad, Rasen ...

Moderieren Sie die Übung an: „Das Spiel funktioniert so, dass immer zwei Personen wechselseitig die Bedeutung des ‚Teekesselchens' erklären, ohne das Wort selbst zu nennen. Die Erklärungen könnt ihr einfach oder schwieriger, ‚verklausulierter' gestalten."

Strauß	(Vogel und Blumen)
Boxer	(Sportler und Hund)
Mutter	(Person und Schraube)
Blüte	(Blume und Falschgeld)
Angel	(für Fische und Tür)
Pass	(Gebirge und Reisepass)
Mine	(im Berg und im Stift)
Fliege	(Tier und als Krawatte)
Kunde	(Käufer und Nachricht)

Sie als Spielleiter/in erklären das Spiel in Kürze. Die ersten beiden Freiwilligen bekommen ihr Wortpaar inkl. der Spezifizierung, wer für welche Bedeutung zuständig ist, über den privaten Chat zugespielt. Eine Person beginnt mit der Erklärung, zum Beispiel die mit dem kürzeren Vornamen.

› Hans: „Mein Teekesselchen ist lebensnotwendig für alle Menschen."
› Rebekka: „Mein Teekesselchen ist meist silberfarben."

› Hans: „Mein Teekesselchen ist ein Mensch."
› Rebekka: „Mein Teekesselchen ist ein Ding."

Die anderen TN dürfen die Lösung erraten. Je nachdem, wie viele TN mitmachen, kann die Lösung entweder über das Mikro hereingerufen oder durch den Chat übermittelt werden (in diesem Fall: „Mutter").

Wer das Teekesselchen errät, ist als Nächstes dran, darf sich eine zweite Person aussuchen und bekommt über den privaten Chat ein neues Wortpaar.

Variante

Sehr gerne können sich die TN auch selbst Wortpaare ausdenken. Die ersten drei Durchgänge am besten immer mit vorbereiteten Paaren durchführen, damit es nicht zu schwierig wird, alle ins Spiel kommen und Unsicherheiten abgebaut werden.

Besonderheiten/Anmerkungen

Dieses Spiel zu Seminarbeginn zum Thema Kommunikation soll auf die Mehrdeutigkeit von Sprache aufmerksam machen. Manchmal können Dinge verschiedene Bedeutungen haben bzw. kann Gesagtes unterschiedlich gemeint sein – entweder, wie hier das Wort selbst (einfach zu erkennen), manchmal aber auch versteckter („Darum geht es in unserem heutigen Training").

Es kann also sinnvoll sein, nicht gleich zu denken „Ich weiß, was der andere meint", sondern zuzuhören, vielleicht nachzufragen und im übertragenen Sinne offen zu bleiben, für andere Interpretationen.

Bei großer Freude am Spiel kann dieses auch nach der Mittagspause als aktivierender Einstieg wiederholt werden.

Top – Flop

Wünsche und Erwartungen anschaulich abfragen

Claudia Simmerl

Organisation

Anzahl: 1-50 TN

Zeitbedarf: 10 Minuten

Material: Ein Pokal und eine Spielzeug-Mülltonne

Vorbereitung: Zwei Charts vorbereiten oder eine digitale Meinungsabfrage über ein digitales Abfragetool

Effekt

› Kennenlernen
› Seminareinstieg
› Motivationssteigerung

Anforderung an die digitale Plattform

› Videokamera, damit Sie den TN den Pokal und die Mülltonne zeigen können
› Hilfreich ist ein digitales Abfragetool. Alternativ die TN-Rückmeldung über den Chat oder eine gemeinsam genutzte digitale Pinnwand einholen. Oder die TN rufen Ihnen die Antworten zu und Sie notieren auf einem geteilten PPT-Chart. Das Chart mit folgende Fragen vorbereiten: „Das Seminar ist für mich top, wenn ..." und „Das Seminar ist für mich ein Flop, wenn ..."

Spielbeschreibung und Ablauf

„Ich begrüße Sie alle zum Seminarthema X! Noch ist ja offen, wie das Seminar für Sie wird! Ich habe dafür zwei Symbole mitgebracht!" Jetzt zeigen Sie den Pokal und fragen die TN nach ihren Antworten auf die Frage: „Das Seminar wird für mich top, wenn …"

„Bitte geben Sie Ihre Antworten …" Je nachdem, was Sie für eine Möglichkeit haben, schreiben die TN ihre Rückmeldung in das digitale Meinungsabfrage-Tool, in den Chat oder auf die digitale Pinnwand. Bei kleinen TN-Gruppen können Sie alle bitten, ihre Punkte kurz und knackig zu nennen und Sie notieren die Antworten auf ein geteiltes PPT-Chart.

„Und nun die andere Möglichkeit: …" Sie zeigen die Mülltonne und sagen: „Das Seminar wird für mich ein Flop, wenn …" Für die Antworten nutzen Sie die gleiche Vorgehensweise wie in der ersten Runde.

Dann packen Sie die Tonne weg und halten den Pokal hoch: „Nun schauen wir auf die geplanten Inhalte." Und stellen die Seminargliederung vor.

Besonderheiten/Anmerkungen

Die Motivation der TN steigt, da sie selbst mitbestimmen können und der „Pokal" bzgl. des Seminarthemas lockt.

Gerade in Online-Trainings ist es wichtig, den kinästhetischen Kanal zu bedienen. Sie können den Pokal hin zur Kamera reichen und jemand auffordern, ihn zu nehmen und etwas dazu zu sagen. Das kommt erfrischend an (bei der Tonne naserümpfend).

Variante

Bei größeren Gruppen können die TN in 3er-/4er-/5er-Gruppen in Breakout-Sessions eingeteilt und die Ergebnisse dann auf einem digitalen Whiteboard mitgebracht werden (ca. 10 Minuten Zeit für Top und Flop).

Was mich mit dir verbindet

Aktivierung von Nähe und Verbundenheit im virtuellen Raum

Evelyne Maaß & Karsten Ritschl

Organisation

Anzahl: Max. 25 TN

Zeitbedarf: Bei z.B. 25 TN rund 40-50 Minuten

Material: Erinnerung und Fantasie

Vorbereitung: Keine

 Effekt

› Kennenlernen
› Kooperation
› Interaktion
› Feedback
› Abschluss
› Nähe und Verbundenheit
› Wertschätzung

 Anforderung an die digitale Plattform

› Galerieansicht, um möglichst alle gleichzeitig im Blick und zur Auswahl zu haben
› Spotlight-Funktion, um Angesprochene im Blick zu behalten

Spielbeschreibung und Ablauf

Die TN geben sich nacheinander eine Rückmeldung. Sie selber rahmen die Socializing-Übung so ein, dass der Fokus auf Gemeinsamkeit und Wertschätzung liegt und binden die Übung mit der Fokussierung auf Unterschiedlichkeit und Gemeinsamkeit ab. Eventuell setzen Sie ein Spotlight auf die rückmeldungempfangende Person.

„Halte einen Moment inne, bevor wir beginnen/enden und schau dir deine Mitspieler für den heutigen Tag an. Überlege dir zu jedem Einzelnen in der Gruppe positive Qualitäten, die du mit diesem Menschen verbindest. Das können Erfahrungen sein, die ihr gemeinsam gemacht habt, die dir gutgetan haben. Das können positive Fantasien sein, die du in Bezug auf diesen Menschen entwickelst. Das kann etwas ganz Konkretes sein, das du aktuell im Hintergrund sehen oder hören kannst."

Jetzt beginnen Sie selbst zum Beispiel mit Anne: „Ich beginne das Spiel und gebe den ersten Fokus an Anne. Anne, was mich mit dir verbindet, ist die Freude daran, Neues auszuprobieren. Was ich mit dir verbinde, ist Mut, Klarheit und Freude an Details."

Varianten

> **Komplimente weitergeben:** Am Beginn eines Workshops. Ich glaube, dass du gut ...
> **Abschluss-Feedback:** Was ich mit dir erlebt habe, ist ...
> **Mission-Light:** Wenn ich bei dir bin, dann erlebe ich folgende Botschaft ...

„Anne, wen magst du als Nächstes in den Fokus nehmen? Wähle und gib deine Rückmeldung: 1.: ‚Was mich mit dir verbindet ...' und 2.: ‚Was ich mit dir verbinde ...'"

Besonderheiten/Anmerkungen

Achten Sie darauf, dass alle mindestens einmal im Fokus waren. Sie können in der Anmoderation festlegen, dass jeder nur einmal drankommt oder dass alle wählen können, wen sie anspielen möchten. Wir nutzen diese Übung gerne in Ausbildungsgruppen, die sich schon länger kennen, um wertschätzende Erinnerungen zu aktivieren und den Gruppenzusammenhalt zu vertiefen. Auch bei Teamentwicklungen haben wir mit der Übung den Teamgeist gestärkt.

Wer bin ich?

Nähe entwickeln im Ratespiel mit Bild

Sabine Venske-Heß

Organisation

Anzahl: 8-10 TN

Zeitbedarf: 20 Minuten

Material: Lassen Sie sich im Vorfeld von jedem TN ein aktuelles und ein Kinderbild schicken. Schreiben Sie dazu, dass es eines sein sollte, das innerhalb der Gruppe gezeigt werden darf, im Anschluss an das Training umgehend wieder von Ihrem Rechner und allen anderen Speichermedien entfernt und auch nicht in der Dokumentation an andere TN verteilt wird. Falls die TN dies jedoch möchten, bitten Sie um eine schriftliche Bestätigung.

Vorbereitung: Binden Sie die Bilder in eine PowerPoint-Datei ein. Alle Kinderbilder auf der einen, die aktuellen auf der anderen Seite einer Folie. Daneben links Ziffern, rechts Buchstaben. Wenn Sie mögen, notieren Sie selbst, welche Ziffer und welcher Buchstabe jeweils derselben Person zugeordnet sind.

Effekt

> Kennenlernen
> Kooperation
> Interaktion

Anforderung an die digitale Plattform

> PowerPoint-Folie zeigbar (Bildschirmfreigabe)
> Evtl. Chat

Spielbeschreibung und Ablauf

Sie blenden die Folie ein und bitten die erste Person, wild zu raten, welche Ziffer und welcher Buchstabe zusammengehören, also dieselbe Person zeigen.

Die geratene Person bestätigt oder korrigiert und erzählt kurz etwas über das Bild. Oft sind Verwandte mit auf dem Foto oder Fahrzeuge oder der Ort ist erwähnenswert oder ... Dadurch bekommen wir ganz besondere Einblicke in die jeweils anderen Leben. Sowohl beim Kennenlernen bis dahin fremder als auch bei bereits miteinander vertrauten Menschen schafft dieses Vorgehen eine tiefere Nähe.

Die Person, die geraten wurde, macht weiter. Wenn Sie Paare bilden möchten, notieren Sie die Reihenfolge der Genannten – die ersten beiden sind ein Paar, Nummer drei und vier und so weiter.

Varianten

Hier ist natürlich ganz viel möglich. Zum Beispiel können Sie mit einem zusätzlichen Kollaborations-Tool arbeiten, sodass die TN die Bilder selbstständig hin und her schieben können.

Besonderheiten/Anmerkungen

Ich habe sehr gute Erfahrungen damit gemacht, um diese Bilder zu bitten. Meine Zweifel (schicken mir Menschen, die mich noch gar nicht kennen, Fotos von sich?) haben sich nicht bestätigt.

Wer wird Online-Millionär?

Dynamische Inhaltswiederholung nach Art einer bekannten Quizsendung

Wilma Hartenfels

Organisation

Anzahl: bis 50 TN

Zeitbedarf: 10-15 Minuten

Material:

– Quiz-Fragen & Antworten (möglichst kurz!)
– Ggf. Bilder zur Visualisierung der Quiz-Fragen
– Quiz-Plattform
– Ggf. Melodie von „Wer wird Millionär?"
– Teilnehmer-Smartphones

Vorbereitung: Fragen und Antworten zu den vermittelten Inhalten vorbereiten (idealerweise ein Mix aus leichten und etwas schwierigeren Fragen)

Effekt

› Seminareinstieg
› Wiederholung von Inhalten
› Motivationssteigerung

Anforderung an die digitale Plattform

› Bildschirm-Freigabe, Audio-Freigabe
› Zusätzlich zu der Meeting-Plattform benötigen Sie ein digitales Quiz-Tool, idealerweise sehr visuell & mit Leaderboard/Bestenliste (Linktipp dazu auf der Linkliste im Download).

Spielbeschreibung und Ablauf

Findet das Quiz direkt nach einem thematischen Input statt, sollten Sie das Quiz schon vor dem Input ankündigen. Dadurch steigt automatisch die Konzentration der TN während des Inputs.

Das Quiz kann auch am Anfang einer Session als Wiederholung der Inhalte aus der letzten Session genutzt werden. Sie können zur zusätzlichen Motivationssteigerung einen Preis für den Quizgewinner ausloben. Wer es spielerisch mag, kann vor dem Quiz noch die Melodie von „Wer wird Millionär" abspielen (Vorführrechte klären).

Das Quiz könnten Sie wie folgt einleiten: „Ich bitte Sie, Ihre Smartphones ‚ausnahmsweise' zur Hand zu nehmen. Ich zeige Ihnen gleich die Zugangsdaten zu einer Webseite mit der Bitte, diese in Ihrem Handy aufzurufen." Jetzt teilen Sie den Bildschirm und zeigen, welchen Link und eventuell PIN die TN eingeben müssen. Erklären Sie außerdem, wie sie durch

Tippen auf die richtige Antwort innerhalb des voreingestellten zeitlichen Rahmens (z.B. 20 Sekunden) die richtige Antwort auswählen können. Die TN können ggf. wählen, ob sie sich mit eigenem Namen oder einem Spitznamen anmelden.

Danach starten Sie mit dem Quiz. Lesen Sie die Frage und jeweiligen Antwortoptionen vor. Sie können auch ab und zu darauf hinweisen, wie viel Zeit noch übrig ist und die zögernden TN motivieren, sich schnell zu entscheiden.

Wenn alle abgestimmt haben, erscheint automatisch die richtige Antwort. Sie können dann noch eine Begründung geben, warum die Antwort richtig ist und kurz einen Inhalt in zwei bis drei Sätzen wiederholen. Eventuell können Sie kommentieren, woran es liegen kann, dass mehrere falsch lagen. Der Teil sollte allerdings sehr kurz sein, da sonst die Spannung im Quiz verloren geht. Nach jeder Frage jubeln Sie dem vorläufigen Gewinner zu, der auf dem virtuellen Leaderboard (je nach Tool) erscheint. Am Ende des Quiz erscheint (je nach Tool) ein virtuelles Podium, auf dem zunächst Platz 3, dann 2 und schließlich der Gewinner automatisch angezeigt werden. Bitten Sie die Gruppe, sich auf „laut" zu stellen und dem Gewinner zu applaudieren. Gegebenenfalls geben Sie dann auch den Preis bekannt.

Besonderheiten/Anmerkungen

Die TN sollten schon vor dem Training informiert werden, dass sie ihr Smartphone benötigen.

Ein Beispiel für eine mögliche Anwendung finden Sie in der Linkliste im **Download**.

Varianten

› Dieses Format kann innerhalb eines mehrteiligen Online-Trainings oder als Recap von vorhergehenden Sessions am Anfang der folgenden Session stattfinden.

› Wenn Sie nicht mit einem Quiz-Tool über das Handy arbeiten möchten, können Sie auch eine Alternative über den Chat realisieren. Vorbereitung: Bereiten Sie alle Fragen und Antwortmöglichkeiten (A, B, C oder D) auf einzelnen PPT-Charts vor. Lassen Sie die TN die Buchstaben in den Chat schreiben, aber noch nicht abschicken. Erst auf Ihr Kommando hin drücken alle gleichzeitig „Enter" und schicken ihre Antwort ab. Dadurch verliert das Quiz aber an Dynamik.

Lernspiele mit höherem Aufwand

Gert Schilling (Hrsg.): 80 Spiele fürs Live-Online-Training

Auflockerung	Bewegung	Kennenlernen	Kooperation	Interaktion	Feedback	Seminar-/Themeneinstieg	Wiederholung	Reflexion	Abschluss/Transfer	
			x	x						Viele wissen immer mehr als einer
			x	x	x		x	x		Absprache und Strategieentwicklung im Team
x		x		x				x		Humorvoller Umgang mit Wunsch und Wirklichkeit
x						x	x			Flotte spielerische Themenwiederholung
		x		x				x		Sensibilisierung für unbewusste Bewertungsvorgänge
			x	x				x		Kreative Aufführung zur Teambildung
			x	x	x					Ideeninteraktion auf der digitalen Pinnwand
			x		x			x		Neue Perspektiven gewinnen
			x	x			x			Unterhaltsame Wiederholung und Wissensvertiefung
x				x						Emotionen erhöhen die Präsenz und Überzeugungskraft
			x	x	x			x		Auswirkungen des Kommunikationsverhaltens verändern mit Fragen, Quittung, Widerworten
x							x			Inhaltliche Wiederholung mit anregendem Wettbewerbsspiel
				x	x					Die Teilnehmenden erfahren, wie der Informationsgehalt einer Nachricht ankommt
x		x	x	x		x				Mit Zeichnen kreativ in Aktion kommen
x	x	x	x							Bewegung und Kreativität in die Gruppenarbeit bringen
x			x	x						Kleine Veränderungen bringen das System in „Wallung"
			x		x			x		Spielerisch innere Blockaden aufdecken und über Herausforderungen sprechen
			x	x				x		Angeregt diskutieren und argumentieren
x			x	x						Auf spielerische Art wird die Kommunikations- und Besprechungskultur sichtbar
			x	x						Rollenspiel online motivierend anleiten – Teilnehmende soufflieren in den Chat
x			x	x						Sensibilisierung für verschiedene Perspektiven und Interpretationen
		x	x	x				x		Bedeutsame Inhalte mitteilen und Zusammenhalt der Gruppe stärken
			x	x		x		x		Kommunizier mit mir!
			x	x			x	x		Mit Spielfreude die Aufmerksamkeit der Teilnehmenden während des Lernens aufrechterhalten
			x	x	x					Kooperation auf einer gemeinsamen digitalen Pinnwand in vorgegebenen Schritten
			x	x				x		Teamidentität fördern durch kreative Zusammenarbeit
			x	x						Verstärkung des Lerneffekts durch selbstständiges Erarbeiten von Inhalten

54

ABOCHNERI

Viele wissen immer mehr als einer

Anna Langheiter

Organisation

Anzahl: 5-20 TN

Zeitbedarf: 20 Minuten

Material: Blatt Papier und ein Stift pro TN, Übungsanleitung für die/den Trainer/in

Vorbereitung: Spielanleitung und ein PPT-Chart mit der Buchstabenkombination ABOCHNERI

Effekt

› Kooperation
› Interaktion
› Kreativität (Brainstorming)
› Teamentwicklung – Teamleistung würdigen

Anforderung an die digitale Plattform

› Es ist von Vorteil, wenn alle TN über Video sichtbar sind
› Bildschirmteilen für die Präsentation der Übungsanleitung
› Digitales Whiteboard zum Notieren der Ergebnisse

Gert Schilling (Hrsg.): 80 Spiele fürs Live-Online-Training

Spielbeschreibung und Ablauf

Geben Sie den TN zuerst eine leichte Aufgabe: „Sucht euch ein Blatt Papier und einen Stift." Es dauert erfahrungsgemäß etwas, bis alle wieder vor dem Bildschirm erscheinen.

„Ihr seht gleich eine Buchstabenreihe. Bildet mit diesen Buchstaben so viele Worte wie möglich. Dazu gibt es, wie ihr euch sicher vorstellen könnt, einige Regeln:

› Wenn ein Buchstabe nur einmal in der Buchstabenreihe vorkommt, darf er auch nur einmal pro Wort verwendet werden.
› Bei jedem neuen Wort stehen wieder alle Buchstaben zur Verfügung.
› Die gebildeten Worte dürfen beliebig lang sein.

Alles klar? Dann zeige ich euch jetzt die Buchstabenreihe." Sie öffnen das Chart, auf dem groß die Buchstabenkombination ABOCHNERI steht.

In dem Spiel gibt es drei Runden:

Runde 1: Geben Sie den TN zwei Minuten Zeit, um die Worte entsprechend den vereinbarten Bedingungen zu bilden.

Sobald die 120 Sekunden verstrichen sind, fragen Sie nach, wer die meisten Worte gebildet hat. Diese werden auf das Whiteboard notiert. Sie kommentieren die Leistung, indem Sie dazuschreiben: „(Teilnehmer/in X) ist der/die Beste."

Runde 2: In der zweiten Runde werden die Worte ergänzt, die andere TN zusätzlich gebildet haben.

Runde 3: Jetzt folgt die dritte Runde, in der alle TN aufgefordert werden, weitere Worte zu bilden, die bisher noch nicht notiert wurden. Erstaunlicherweise entstehen jetzt noch mehr Worte.

Dieses Ergebnis kommentieren Sie mit: „Das Team ist besser/kreativer/hat mehr Ideen!"

Besonderheiten/Anmerkungen

Die Übung eignet sich gut im Kontext von Kreativität, wenn dargestellt werden soll, dass die Ideen des Einzelnen benötigt werden, um diese zu einer Ideenvielfalt zusammentragen zu können. Auf der Basis der Ideen aller Teilnehmenden am Prozess können dann noch weitere entwickelt werden.

Im Kontext von Brainstorming kann man gut aufzeigen, wie wichtig es ist, dass jeder für sich Ideen sammelt und diese zu Papier bringt. So werden auch die ruhigeren Teilnehmer gut einbezogen.

Die Übung eignet sich mit den gleichen Buchstaben ebenfalls für Brainstormings auf Englisch oder Französisch.

Agiler Taschenrechner remote

Absprache und Strategieentwicklung im Team

Hanne Philipp

Organisation

Anzahl: 5-10 TN, bei mehr evtl. in 2 Gruppen nacheinander, benötigt dann 30 Minuten zusätzlich

Zeitbedarf: 45 Minuten

Material: Stoppuhr

Vorbereitung:

- Collaboration-Tool einrichten, eine digitale Fläche, auf die alle TN gleichzeitig Zugriff haben
- Diese Fläche richten Sie so ein: 40 digitale Haftnotizen bunt durcheinandergemischt. Auf diesen Haftnotizen stehen die Zahlen 1-40 in beliebiger Reihenfolge.
- Diese Fläche mit den 40 Haftnotizen benötigen Sie 5-mal, da das Spiel 5 Runden durchläuft. Dabei sollten die Zahlen jeweils unterschiedlich auf der definierten Fläche gemixt sein.
- Gefilmtes Flipchart oder digitale Infobox mit den Regeln
- Gefilmtes Flipchart oder vorbereitete Tabelle für Runden-Ergebnisse

Effekt

› Kooperation
› Interaktion
› Feedback
› Reflexion
› Nutzen von Retrospektiven

Anforderung an die digitale Plattform

› Alle TN über Video sichtbar, Mindestanforderung hörbar
› Zusätzlich zu der Meeting-Plattform benötigen Sie ein Collaboration-Tool, auf dem gleichzeitig digitale Haft-

notizen verschoben und Initialen gesetzt werden können.

> Einstellung „Mauszeiger mit Teilnehmer-Namen sichtbar". Das bedeutet, am Mauszeiger befindet sich ein kleines Fähnchen, auf dem der Name des „Mauszeigerbesitzers" sichtbar ist.
> Optional Meeting-Plattform mit Breakout-Sessions

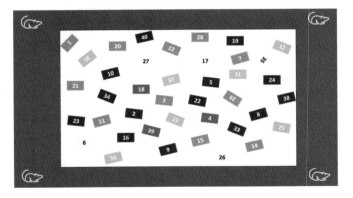

Spielbeschreibung und Ablauf

Vor der ersten Runde erklären Sie Ablauf und Spielregeln am besten mithilfe einer vorbereiteten digitalen Infobox oder dem Flipchart: „Ihr habt die Aufgabe, innerhalb einer Minute alle Zahlenkarten in aufsteigender Reihenfolge von 1 bis 40 mit Initialen zu markieren. Sollte das vor Ablauf der Zeit gelingen, kann wieder bei eins begonnen werden. Theoretisch sind also unendlich viele Zahlen verfügbar. Das Spiel wird über fünf Runden gespielt. Damit das nicht zu einfach wird, gibt es einige Regeln zu beachten."

Jetzt blenden Sie die Regeln ein und stellen diese vor:

> Jeder Mitspieler muss je Spielrunde mindestens eine Zahl mit seinen Initialen markieren.
> Wie diese Initialen aussehen, ist völlig egal.
> Zu jedem Zeitpunkt darf nur genau eine Person mit ihrem Mauszeiger im Spielfeld sein. Die anderen Mauszeiger sind außen (Hinweis: Man kann auch einen extra Mauszeiger-Parkplatz definieren).
> Die Zahlen werden in aufsteigender Reihenfolge berührt. Es wird in der Reihenfolge keine Zahl ausgelassen. Nach der 40 geht es gegebenenfalls mit der 1 weiter.

> Die Zahlen werden nicht verschoben (diese Regel könnte später aufgehoben werden – siehe Varianten).
> Jede Runde beginnt mit einem neuen Spielfeld.

Werden Sie von den Teilnehmern gebeten, die Regeln oder Begriffe genauer zu erläutern, dann verweisen Sie immer wieder auf die Infobox und begründen dies: „Im Arbeitsalltag muss man manchmal auch die Wünsche eines Kunden oder die Regeln des Systems gemeinsam interpretieren."

Für die erste Runde haben die TN 1-2 Minuten Zeit, um die Aufgabe zu besprechen. Nach der Vorbesprechung der TN fragen Sie: „Bitte schätzt noch kurz, bis zu welcher Zahl ihr kommen werdet." Die TN-Schätzung wird in der Tabelle notiert. Dann legen die TN los. Am Ende der ersten Runde notieren Sie das tatsächlich erreichte Ergebnis neben der Schätzung.

Jetzt geht es in Runde 2: „Vor jeder neuen Runde bekommt ihr erneut zwei Minuten Zeit, euch zu beraten und um die Zusammenarbeit im Team zu verbessern."

Wichtig: Formulieren Sie hier nicht „... um das Ergebnis zu verbessern ..."! Dann geht es weiter wie in Runde 1.

> Die TN haben 2 Minuten Zeit, eine Strategie abzusprechen.
> Die TN geben eine Schätzung ab, wie weit sie kommen werden.
> Die TN haben 1 Minute Zeit für die Aufgabe.
> Sie notieren die tatsächlich erreichte Zahl.
> Für jede Runde wird ein neues (vorbereites) Spielfeld verwendet.

Insgesamt hat sich bewährt, fünf Runden zu spielen. Nach der fünften Runde gehen Sie in die Reflexion und Auswertung. Die Auswertung können Sie ganz unterschiedlich organisieren:

Entweder Sie notieren die Antworten auf Ihre Frage „Was habt ihr gerade erlebt?" oder die TN notieren ihre Erkenntnisse oder sammeln diese in Breakout-Sessions.

Besonderheiten/Anmerkungen

Bei Gruppen, die mit der Benutzung des Collaboration-Tools unter Zeitdruck Schwierigkeiten haben, kann die Rundenspielzeit länger als 1 Minute definiert sein.

Das Team schafft von Runde zu Runde mehr Zahlen. Eventuell geht auch einmal eine Optimierung nach hinten los und in einer Runde gibt es einen Rückschritt. Oder das Team schafft zwar nicht mehr, die Dynamik wird jedoch eingespielter, weniger hektisch. Oder ein Team akzeptiert bewusst eine Verschlechterung, um eine neue Vorgehensweise auszuprobieren, die dann einen deutlichen Sprung nach vorne bringt.

Wenn das Team nach 2-3 Interaktionen wenig Mut hat oder Ehrgeiz entwickelt, sich zu verbessern, feuern Sie das Team an: „Ich bin überzeugt, ihr schafft das locker ..." Wenn diese Intervention getätigt wurde, könnte das in der Auswertung auch hinsichtlich der Rolle von Führung oder des Wettbewerbs thematisiert werden.

Anregungen zur Auswertung

› „Wer war Führungskraft?" Meistens kommt die Antwort „Keiner", manchmal auch „Jeder" das passt sehr gut zu der agilen Idee der selbstorganisierten Teams.

› „Warum habt ihr versucht, euch von Runde zu Runde im Ergebnis zu steigern? Es hat doch niemand eine entsprechende Vorgabe gemacht! Ich habe ja immer nur betont, dass ihr eure Zusammenarbeit verbessern sollt." – Hier lässt sich gut über Ansporn in der Selbstorganisation philosophieren.

› Eher später in der Auswertung: „Hättet ihr das Ergebnis der letzten Runde auch erreicht, wenn ihr gleich zu Anfang die komplette Beratungszeit von 5 bzw. 10 Minuten gehabt hättet und danach nur genau eine Spielrunde gespielt worden wäre?" – Jede Gruppe wird hier verneinen und auf die

Wichtigkeit des Ausprobierens hinweisen. Hier können Sie die Verbindung zu Fehlerkultur, Fehler vs. Irrtum, herstellen. „Wie viele Lernschleifen seht ihr sonst im Alltag vor? Oder erwartet ihr gleich zu Beginn das perfekte Ergebnis?"

› Falls das Team gut gestartet ist und sich nur minimal verbessert: Lassen Sie über Sättigungseffekte diskutieren: Wäre es eine Option gewesen, einen ganz anderen Weg auszuprobieren?

› Falls die Variante „Karten dürfen verschoben werden" genutzt wird: „Wie ging es euch, die vorher gewonnenen Erfahrungen gegen neue Chancen einzutauschen?"

› Falls von den TN noch nicht genannt, können Sie Gedanken einbringen wie: „Jede dieser Besprechungen war eine Retrospektive, in der ihr zurückgeschaut habt und daraus für die Zukunft lernen konntet." – „Jede Spielrunde ist das, was man in der agilen Welt eine Iteration nennt." – „Wie oft gönnt ihr euch im Alltag solche Lernmomente?" – Erklären Sie, dass es nicht reicht, nur ein- oder zweimal im Jahr so eine Retro durchzuführen.

› Reflektieren Sie mit dem Team: „Wo lag in euren Retrospektiven der Fokus: Auf der Vergangenheit oder auf der Zukunft?" – „Wie erlebt ihr das im Austausch im Team?"

◯ Webseiten mit aktuellen Collaboration-Tools finden Sie auf der Linkliste im **Download**.

Varianten

› Decken Sie die vorbereiteten Flächen mit den Zahlenmustern jeweils mit einer großen Form ab. Das Spielfeld ist damit erst beim Start der neuen Runde oder zu Beginn der Zwischenbesprechung/Retrospektive zu sehen.
› Zahlen dürfen verschoben werden (empfehlenswert frühestens ab 3. Runde), hier können Sie alle Zahlen verschiebbar machen oder nur einzelne.
› Gestalten Sie für jede Runde die Flächen unterschiedlich (Kärtchen in anderen Farben, andere Kontraste, anfangs viele Farben, dann nur eine, Kärtchen liegen an unterschiedlichen Orten etc.).
› Bauen Sie bewusst Fehler ein: einzelne Zahlen doppelt, einzelne Zahlen fehlen.

Analog meets digital – Sich selbst widersprechen

Humorvoller Umgang mit Wunsch und Wirklichkeit

Katrin Hansmeier & Eva Ullmann

Organisation

Anzahl: 15-100 TN

Zeitbedarf: Ohne TN: 3 Minuten, mit TN: 15-30 Minuten

Material: Pappen und Stifte

Vorbereitung: Pappen müssen beschrieben werden mit Phrasen, die dem widersprechen, was die Person sagt

 Effect

› Auflockerung
› Kennenlernen
› Interaktion
› Seminareinstieg (wenn die Seminarleitung das Spiel anleitet)
› Reflexion von Widersprüchen
› Widerstände humorvoll darstellen
› Selbstironie üben
› Analoges kommt in den digitalen Raum, das ist erfrischend
› Humorvoller Einstieg in Themen wie Doppelbotschaften, Widerstände, Einwandbehandlung, Ich-Botschaften

 Anforderung an die digitale Plattform

› Video und Ton

Spielbeschreibung und Ablauf

Sie sagen: „Mir geht's super." Dabei halten Sie eine vorbereitete Pappe in die Kamera, auf der steht: „Glaubt ihr/ihm kein Wort!"

Sie sagen: „Bei mir läufts. Home Office mache ich mit links." Parallel das Pappschild in die Kamera mit dem Satz: „Völliges Chaos bei ihr/ihm zuhause."

Sie sagen: „Wir hatten viel Zeit, und mein Partner und ich haben unsere Liebe ganz neu entdeckt." Dazu die Pappe mit der Aussage: „Na ja, ein Teller ist noch heil."

Sie sagen: „Von mir aus kann es so weitergehen. Ich liebe Veränderung." Das Schild dazu: „Wann wird es endlich wieder normal?"

Diese Methode erzeugt schnell Schmunzeln und Aufmerksamkeit. Sie machen sich sympathisch, da Sie Selbstironie zeigen.

Erweiterung: Nun dürfen auch die Teilnehmer sich selbst widersprechen. Alle bekommen 3 Minuten Zeit, jeder darf jeweils drei Pappen oder DIN-A4-Blätter beschriften. Wer den weißesten Hintergrund oder den schönsten Ausblick aus seinem Fenster hat, beginnt. Hier einige Beispiele: Olly sagt: „Oh, ich liebe die Digitalisierung!" – und hält eine Pappe hoch auf der steht: „Ich krieg schon ne Allergie, wenn ich meinen Computer angucke." Olly weiter: „Ich bin auch froh, dass ich meine Zeit jetzt selbst organisiere." – Die Pappe: „Er starrt stundenlang die Wand an." Wieder Olly: „Die Kollegen vermisse ich nicht." – Pappe: „Alle Taschentücher sind aufgebraucht, so viel hat er in der letzten Zeit geheult."

Renate: „Das neue Projekt hat super begonnen" – Pappe: „Na ja, zu Hause hat sie aber was anderes erzählt." Verbale Aussage: „Besonders schön finde ich, dass jeder seine Meinung sagen darf." – Dazu die Pappe: „Eigentlich unterbrechen wir uns ständig." Renate: „Wir verstehen uns blind." – Dazu: „Na ja, es wäre schön, wenn wir mehr miteinander reden würden."

Variante

Sie können diese Methode auch als Präsentationsübung für die TN in digitalen und analogen Meetings/Veranstaltungen nutzen: Eröffnen Sie eine Sitzung oder einen Vortrag mit dieser Methode. Sie bekommen schnell die Aufmerksamkeit der Zuhörer und benennen Widersprüche, die im Raum vorhanden sind.

Besonderheiten/Anmerkungen

Wenn man diese Übung die Teilnehmer machen lässt, gibt es eine „Light Version" und eine tiefer gehende. Bei der Light Version sollte kein tiefer liegender Konflikt hinter den Aussagen stecken. Die Gruppe sollte gut miteinander im Kontakt sein und Lust an Selbstironie und einen spielerischen Umgang mit Widersprüchen haben. Man offenbart ja auch etwas von sich in dieser Übung. Das Ganze darf etwas überhöht und zugespitzt dargestellt sein. Es geht bei der Light Version lediglich darum, Komik zu erzeugen und trotzdem eine Wahrheit zu benennen.

Bei der tiefer gehenden Variante kann man Reflexionsfragen stellen und Antworten sammeln. Beispiel Renate: „Das neue Projekt hat super begonnen." (Na ja, zu Hause hat sie aber was anderes erzählt.) – „Besonders schön finde ich, dass jeder seine Meinung sagen darf." (Eigentlich unterbrechen wir uns ständig.) – „Wir verstehen uns blind." (Na ja, es wäre schön, wenn wir mehr miteinander reden würden.)

Passende Reflexionsfragen:

› Was wünsche ich mir eigentlich gerade?
› Wie denken die anderen darüber?
› Dürfen wir auch Humor und Leichtigkeit behalten, wenn wir uns mal nicht einig sind?

Diese Übung bietet sich an, wenn Sie im digitalen Raum mit Humor ein ernsteres Thema bearbeiten möchten. Es gibt einen witzigen Einstieg und geht dann in die Differenzierung und Tiefe.

Hier müssen Sie aufpassen, dass die Gruppe Lust auf diese Form der Bearbeitung hat. Stellen Sie sicher, dass Selbstironie und Humor auch Teil des Online-Seminars sind und möglicherweise auch als Spielregel mit eingeführt wurden.

Dalli-Bild

Flotte spielerische Themenwiederholung

Gert Schilling

Organisation

Anzahl: Ab 2 TN

Zeitbedarf: 10-15 Minuten

Material: Keines

Vorbereitung: Mehrere Power-Point-Charts vorbereiten

Effekt

› Wiederholung
› Einstieg ins Thema
› Auflockerung
› Wettbewerb

Anforderung an die digitale Plattform

› Bildschirmfreigabe der PowerPoint-Charts
› Alle TN können sich hören.

Gert Schilling (Hrsg.): 80 Spiele fürs Live-Online-Training

Spielbeschreibung und Ablauf

In Anlehnung an eine bekannte Quizshow sehen die TN zuerst nur eine schwarze Fläche. Nach und nach verschwindet stückweise die schwarze Fläche und gibt den Blick auf das darunterliegende Bild frei. Wer das Bild zuerst erkennt, hat gewonnen.

Was kann das darunterliegende Bild zeigen? Wollen Sie das Spiel als Wiederholung einsetzen, dann nutzen Sie Bilder, Grafiken, Schaubilder aus dem Seminarinhalt. Auch Stichworte und Merksätze können verwendet werden. Angenommen, wir befinden uns in einem Seminar zum Thema Ernährung, könnte das verborgene Bild die Ernährungspyramide oder eine Zitrone zum Thema Vitamine darstellen.

Für dieses Spiel bereiten Sie eine PowerPoint-Präsentation vor, die auf mehreren Charts die ausgewählten, durch schwarze „Tortenstücke"

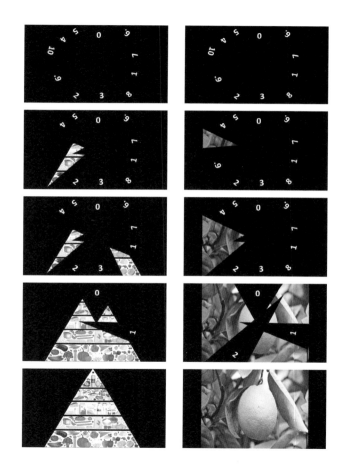

abgedeckten, Bilder zeigt. Diese „Tortenstü-cke" lassen Sie durch Klicken nach und nach verschwinden. So wird das Bild Schritt für Schritt erkennbarer.

Um Wettbewerb und Spannung in den Ablauf zu bringen, teilen Sie die Gruppe in Teams ein, die gegeneinander antreten. Drei Teams könnten Sie zum Beispiel so einteilen: „Ich befinde mich gerade in Berlin. Alle nördlich von mir sind ,Team Norden'. Alle, die sich gerade weiter südlich befinden, sind ,Team Süden'. Alle Berliner sind ,Team Berlin'."

Dann motivieren Sie die TN zum Mitmachen: „Ihr werdet gleich Stück für Stück mehr von einer Abbildung sehen, die mit unserem Seminarthema Ernährung zu tun hat. Wer von euch meint, zu erkennen, um was es sich handelt, schaltet schnell sein Mikrofon an und ruft laut ,Stopp'. Dann heißt es, einen Tipp abzugeben, was du zu erkennen meinst."

Nachdem etwas von dem Bild zu sehen ist, ruft Harald laut: „Die Ernährungspyramide!" Jetzt hat Harald die Aufgabe, in zwei, drei Sätzen den dazugehörigen Seminarinhalt zu wiederholen. Dabei erhält er Unterstützung aus seinem Team.

Stimmt der Tipp, geht der Punkt an das Team. Ansonsten setzen Sie die stückweise Freigabe des Bildes fort, bis der nächste TN „Stopp" ruft und seinen Tipp abgibt.

⬇ Eine PowerPoint-Vorlage finden Sie im **Download**.

Varianten

> Sie können das Spiel auch als reine Auflockerung einsetzen, mit lustigen Fotomotiven, die erraten werden sollen.
> Funktioniert auch zum Einstieg in ein Thema. Damit können Sie erfahren, was die TN schon für Vorwissen haben. Was wird von den TN schon erkannt? Was ist unbekannt?

58

Der erste Eindruck –
Im Land von Bewertungen

Sensibilisierung für unbewusste Bewertungsvorgänge

Caroline Winning

Organisation

Anzahl: Ab 2 TN
Zeitbedarf: 30 Minuten
Material: Keines
Vorbereitung: Keine

Effekt

› Kennenlernen
› Interaktion
› Reflexion
› Erleben der Wirkung von (Vor-)Urteilen
› Bewusstmachung des Einflusses von Sprache

Anforderung an die digitale Plattform

› Spielleitung und Teilnehmende sind über Video sichtbar.
› Kleingruppenbildung in digitalen Räumen möglich
› Vorteilhaft ist es, eine automatische Gruppenzuteilung vornehmen zu können.

Spielbeschreibung und Ablauf

Die Teilnehmenden werden in Paare eingeteilt. Damit das zügig erfolgt, kann (falls vorhanden) dafür die automatische Gruppenbildung im virtuellen Tool genutzt werden. Bevor Sie die Zweier-Teams in die digitalen Gruppenräume schicken, ist wichtig, dass Sie genau die Aufgabe erklären. Gut ist, wenn Sie dazu die Aufgabe stichwortartig visualisieren.

Aufgabenstellung für die Zweier-Teams – Die Paare vereinbaren, wer A und wer B ist.

> A beginnt und stellt 2 Minuten lang Vermutungen über B anhand des ersten Eindrucks an. Zum Beispiel: „Ich vermute, du lebst auf dem Land."
> A kann hinzufügen, wie er/sie zu seinen/ihren Vermutungen kommt, z.B.: „Du trägst eine Brille, also liest du viel."
> B hört nur zu, ohne zu kommentieren.

Nach Ende der Zeit haben beide zwei Minuten, sich auszutauschen, welche Vermutungen der Realität entsprechen und welche nicht.

Jetzt wird getauscht und B stellt Vermutungen über A anhand des ersten Eindrucks an. A hört wiederum nur zu. Nach Ablauf der Runde erfolgt erneut ein kurzer, zweiminütiger Austausch über die Vermutungen von B.

Danach kehren alle TN wieder zurück in den Hauptraum.

Reflexion:
Im Anschluss bietet sich eine gemeinsame Auswertung über (Vor-)Urteile und die Wirkung von Bewertungen an. Hier einige Reflexionsfragen:

> Wie haben die TN es erlebt, Vermutungen anzustellen?
> Wie war es, Vermutungen über sich selbst anhand des ersten Eindrucks zu hören?
> Wie lässt sich das Erlebte auf den Alltag übertragen?
> Was erleichtert ein (vor-)urteilsfreieres Miteinander? Was erschwert es?

Besonderheiten/Anmerkungen

Die Übung lässt sich gut in Kommunikations- oder Anti-Rassismustrainings einsetzen, um für unsere automatischen Prozesse in menschlichen Beziehungen zu sensibilisieren. Sie hilft den TN, eigene unwillkürliche Bewertungen und (Vor-)Urteile zu erkennen und sich bewusster zu machen, wie diese unser Miteinander beeinflussen.

Der Pitch

Kreative Aufführung zur Teambildung

Phil Stauffer

Organisation

Anzahl: Ab 6 TN

Zeitbedarf: +30 Minuten

Material: Keines

Vorbereitung: Gesprächsrunde bilden

Effekt

› Kooperation
› Interaktion
› Reflexion
› Agilität
› Präsentationstechnik

Anforderung an die digitale Plattform

› Videobild der TN für alle sichtbar
› Videobild des Referenten für alle sichtbar
› Einstellung: „TN ohne Videobild verbergen"

Spielbeschreibung und Ablauf

Alle Teilnehmer gehen in Videoeinstellungen auf „Teilnehmer ohne Videofunktion verbergen". Das hat den Effekt, dass alle TN, die ihr Videobild ausschalten, nicht mehr in der Galerieansicht zu sehen sind, auch nicht mehr als „schwarzes" Feld, wie das ohne diese Funktion wäre. Jetzt haben die „Videoakteure" den Bildschirm für sich. Dadurch entsteht während der Übung ein „Bühnenbild" mit entsprechendem Charakter, da nur die TN zu sehen sind, die aktiv an der Übung teilnehmen. Die anderen sitzen wie im Theater im „Dunkeln".

Die Gruppe wird so geteilt, dass wenigstens 3 TN „auf der Bühne stehen", das heißt, als Videobild sichtbar sind.

Sie erklären das Szenario: „Die Gruppe auf der Bühne befindet sich als Team kurz vor einem sehr wichtigen Pitch, einer kurzen Vorstellung einer neuen Idee. Gepitcht wird um Investitionskapital. Die zuschauende Gruppe sind die Investoren. Sie entscheiden am Ende, ob sie investieren oder nicht."

Das Pitch-Thema kann in der 2. Runde frei gewählt werden. Wir empfehlen in der ersten Runde ein Filmprojekt.

Erste Runde: Bitten Sie einen Investor, ein Tier, einen Gegenstand, eine Person in den Chat zu schreiben, einen zweiten Investor, einen Ort zu notieren und einen dritten Investor, ein Adjektiv. Beispiel: Ameisen, Paris, schön.

Daraus bilden Sie den Titel des Films: „Die schönen Ameisen aus Paris".

Das Genre des Films wird von der Gruppe bestimmt, die diesen Film gleich präsentieren wird. Die Rollen innerhalb der Gruppe werden nur durch Zuweisungen der Gruppe untereinander klar, z.B.: „Da bitte ich unseren Special-Effects-Experten, dazu Stellung zu nehmen." Oder: „Unsere Filmmusik wurde von TN XY komponiert, die Ihnen dazu gerne etwas erzählt."

Aufgabe der Investoren ist es, möglichst viel spezielle Infos aus den Filmleuten herauszukommen und sie in „schwierige" Situationen zu bringen.

Beispiele: Um den Film vermarkten zu können, brauchen wir einen sehr eingängigen Titelsong. Können wir den bitte mal hören? Skizzieren Sie bitte kurz, welche Vorsorgemaßnahmen Sie getroffen haben, damit die Ameisen keinen Überstunden ausgesetzt waren? Gab es Ameisenbetreuer? Welche Ausbildung haben diese? Führen Sie bitte in ameisisch die Liebesszene des Films noch mal vor. Im Film wird ja eine Ameise vom LKW überfahren, schildern Sie das Schicksal der Hinterbliebenen?

Variante

In der 2. Runde kann auch ein Thema gewählt werden, welches aus der Gruppe kommt.

Am Ende entscheidet die Investorengruppe, ob sie bereit ist, zu investieren.

Anmerkungen

Es geht um Teambuilding und das Annehmen von Herausforderungen. Überzeugend ist, wer als Team auftritt und gemeinsam Begeisterung weckt. Was zählt, ist nicht, einen Plan zu haben, sondern die anderen bei der Lösung mit einzubeziehen, ohne zu wissen, wie die Lösung genau aussieht.

Als Trainer/in sollten Sie bei der Reflexion Fragen in diese Richtung stellen: „Was ist euch in Erinnerung geblieben? Wo hat die Gruppe exzellent zusammen performt?"

Direkt- oder Soforttransfer

Ideeninteraktion auf der digitalen Pinnwand

Bernd Braun

Organisation

Anzahl: Ab 2 TN

Zeitbedarf: 30 Minuten bis 4 Wochen

Material: Keines

Vorbereitung: Eine digitale Pinnwand erstellen. Auf dieser so viele Spalten oder Listen einrichten, wie Themenblöcke im Seminar bearbeitet werden

Effekt

> Kooperation
> Interaktion
> Feedback
> Transfer des Gelernten

Anforderung an die digitale Plattform

> Meeting-Plattform
> digitale Pinnwand

Gert Schilling (Hrsg.): 80 Spiele fürs Live-Online-Training

Spielbeschreibung und Ablauf

Dieses Wiederholungs- und Transferspiel führen Sie mit der gesamten Gruppe durch – und das mehrmals innerhalb eines Online-Trainings. Ihr Online-Training ist in verschiedene Abschnitte eingeteilt, in denen Informationen, Inhalte, Wissen oder Methoden vorgestellt werden. Angenommen, Sie geben ein Zeitmanagement-Seminar und stellen verschiedene Methoden vor, die den TN in ihrem Arbeitsalltag helfen. Am Ende eines Online-Trainings können die TN sich meist nicht mehr an alles erinnern. Deshalb kann es sinnvoll sein, nach jedem Abschnitt eine Transfereinheit durchzuführen. In dieser Einheit werden die TN gefragt:

› Wie kann die gerade eben vorgestellte Methode auf den eigenen Arbeitsalltag angewendet werden?
› Wie muss die Methode evtl. für die eigenen Bedürfnisse und Vorstellungen angeglichen bzw. überarbeitet werden?

Jeder schreibt nun die eigenen Ideen direkt auf die vorbereitete digitale Pinnwand. Am Ende ist online eine Sammlung von Ideen entstanden. Jeder TN darf weitere Ideen einfügen und Fragen zu den einzelnen Ideen anderer stellen. So werden diese noch erweitert oder bekommen einen völlig anderen Sinn. Beides ist erwünscht. Am Ende besteht die Möglichkeit für jeden einzelnen TN, alle Ideen herunterzuladen und für sich selbst zu nutzen. Das Online-Board ist dadurch zu einem viralen Ideenspeicher aller anwesenden Teilnehmer geworden.

Besonderheiten/Anmerkungen

Schön ist, wenn alle TN gleichzeitig Zugriff auf die gemeinsame digitale Pinnwand haben. So sehen alle sofort, was die anderen geschrieben haben.

Die Besonderheit dieser Interaktion ist, dass sonst eher introvertierte TN hier die Möglichkeit haben, völlig frei zu schreiben. So kommen Ideen zu Tage, die ansonsten nie ausgesprochen würden.

Eine weitere Besonderheit ist, dass Sie die digitale Pinwand auch noch längere Zeit nach dem Seminar für Ihre TN zugänglich lassen können. So können auch Tage oder Wochen später Änderungen vorgenommen werden, wenn sich z.B. alle TN zur einem weiteren Seminarabschnitt teffen.

Internetquellen für digitale Pinnwände finden sie auf der Linkliste im **Download**.

Varianten

› Wenn nicht alle TN auf die digitale Pinwand zugreifen können, kann auch ein TN oder Sie als Seminarleiter/in die Beiträge auf Zuruf notieren.

› Alle TN melden sich anonym bzw. mit einem Künstlernamen an und verraten diesen auch nicht. Erst am Ende des Spieles gibt jeder seinen Künstlernamen preis.

Expertenrunde

Neue Perspektiven gewinnen

Ina Glüsing

Organisation

Anzahl: Unbegrenzt (Kleingruppenübung: 3 TN)

Zeitbedarf: 20-65 Minuten

Material: Schreibutensilien und/oder ein Tablet für Notizen

Vorbereitung:

– Einladung an die TN mit einem Hinweis auf die benötigten Schreibutensilien und technischen Voraussetzungen
– Erstellung einer schriftlichen Methoden-anleitung, die im Online-Seminar zum Mitlesen in den Chat gepostet wird (Chatanweisung)

Effekt

› Kooperation
› Feedback
› Reflexion
› Neue Perspektiven und erste Lösungsansätze entwickeln

Anforderung an die digitale Plattform

› Konferenz-Software mit Video- und Audiofunktion
› Breakout-Räume vorhanden
› Chatfunktion

Spielbeschreibung und Ablauf

Herausforderung finden (1 Minute): Zunächst werden die TN zur Selbstreflexion eingeladen: „Welche aktuellen Herausforderungen haben Sie? Wählen Sie eine Herausforderung aus, die Sie in 1-2 Minuten einer Gruppe vortragen können."

Übung vorstellen (5 Minuten): Bevor Sie die TN in Kleingruppen aufteilen, erklären Sie den Ablauf sowie die Spielregeln der Expertenrunde. Die folgenden Texte sind optional als Chatanweisungen nutzbar.

Ablauf (ca. 20 Minuten)
I. Herausforderung beschreiben: Person A beginnt und beschreibt ihre Herausforderung. (2 Minuten)
II. Verständnisfragen stellen: Die restlichen Gruppenmitglieder stellen Verständnisfragen zur beschriebenen Situation, Person A antwortet. (5 Minuten)

III. Start der Expertenrunde: Person A schaltet jetzt ihr Video sowie den Ton aus, hört ab sofort dem Gespräch der „Experten" zu und macht sich Notizen. Die Expertenrunde tauscht sich zu eigenen Erfahrungen, ersten Lösungsideen und/oder neuen Sichtweisen zu dem Thema aus. (10 Minuten)
IV. Fallgeber teilt die wichtigsten Erkenntnisse: Person A schaltet ihr Video nach der Ideenrunde der Experten wieder ein und teilt ihre wichtigsten Erkenntnisse. (2 Minuten)

Spielregeln …
… für die Experten:
› Möglichst viele Sichtweisen sammeln (Ideenbuffet)
› Nacheinander sprechen, einander zuhören und ausreden lassen
› Die Herausforderung des Fallgebenden sowie die Ideen der anderen Experten nicht bewerten („Ja und" statt „Aber")

… für die/den Fallgebenden:
› Buffetprinzip (Nimm, was dir schmeckt)

V. Expertenrunde(n) durchführen (jeweils 20 Minuten): Die TN werden in Kleingruppen auf digitale Unterräume verteilt. Jede Gruppe wählt eine/n Zeitmanager/in und eine/n

Fallgebende/n. Anschließend können je nach Zeitkontingent verschieden viele Expertenrunden durchgeführt werden.

Besonderheiten/Anmerkungen

Zum Ablauf: Die Problembeschreibung (I.) und die Fragerunde (II.) sind extra kurz gehalten, damit die Fallgebenden nicht in eine Problemtrance geraten. Das Ziel ist ein erstes Verständnis der Thematik, keine Tiefenanalyse.

Zur Durchführung der Expertenrunde: Wenn alle TN auch Fallgebende sein sollen, ist eine Kleingruppengröße von 3 Personen ideal. Bei nur einer/m Fallgebenden pro Kleingruppe kann die Gruppengröße zwischen 3 und 8 Personen variieren. Zwischen den einzelnen Expertenrunden empfiehlt sich eine kurze „Verschnaufpause" (2 Minuten).

Ablauf und Spielregeln als Chatvorlagen finden Sie im **Download**.

Varianten

Speed-Runde: Die Übung kann auch als schnelle Variante durchgeführt werden. In dieser Abwandlung bekommt der Fallgebende kurze Impulse und die Zeiten verändern sich wie folgt:
› I. Beschreibung der Herausforderung (1 Minute)
› II. Verständnisfragen (3 Minuten)
› III. Expertenrunde (5 Minuten)
› IV. Erkenntnisse des Fallgebenden (1 Minute)

Stärkenfokus: Die Experten können in der Beratung zusätzlich ihren Fokus auf die kleinen Erfolge und vorhandenen Stärken des Fallgebenden richten. Mögliche Fragen dazu wären: Was zeichnet den Fallgebenden positiv aus? Was ist ihm/ihr bereits gut gelungen? In den ersten 5 Minuten kann dieser Aspekt beispielsweise im Vordergrund stehen und erst anschließend werden eigene Impulse eingebracht.

Eigene Lerngeschenke einsammeln: Jede Expertenrunde birgt nicht nur Lerngeschenke für den Fallgebenden, sondern auch für die Experten. Daher können Sie nach jeder Runde (oder am Ende) eine Phase der Selbstreflexion einlegen mit der Frage: „Welche Erkenntnisse nehme ich für mich aus der Übung mit?"

62

Familien-Duell

Unterhaltsame Wiederholung und Wissensvertiefung

Janine Domnick

Janine Domnick

Organisation

Anzahl: 2-12 TN

Zeitbedarf: 20-30 Minuten

Material: Keines

Vorbereitung: Zwei Familienna-
men ausdenken (Familie Stuhlkreis + Familie Sitzreihen; Familie
Flipchart + Familie Beamer usw. –
es dürfen gerne amüsante Namen
sein)

Effekt

› Kooperation
› Interaktion
› Wiederholung
› Tiefe Auseinandersetzung mit den Seminarinhalten

Anforderung an die digitale Plattform

› Alle TN können miteinander sprechen.
› Digitale Gruppenbildung ist möglich (falls nicht,
   siehe Variante).

Spielbeschreibung und Ablauf

Die gesamte Gruppe wird per Zufall in zwei „Familien", ein-geteilt, also zwei Gruppen. Jede Familie zieht sich in einen Breakout-Room zurück und überlegt sich inhaltliche Fragen zu dem behandelten Seminarthema. Diese können ganz leicht oder sehr knifflig sein. Wichtig ist: Die Familie muss die korrekte Antwort selbst wissen! Möglichst, ohne die Unterlagen oder das Internet zu nutzen. Jede Familie notiert sich ca. 5-7 Fragen.

Zurück im Plenum angekommen, startet das Familien-Duell. „Schön, dass Sie hier sind. Heute treten Familie Flipchart und Familie Beamer gegeneinander an. Wir sind gespannt, wer das Duell für sich entscheidet. Zuerst beginnt Familie Beamer, ihre Quiz-Frage zu stellen. Familie Flipchart kann sich dann kurz beraten und gemeinsam die Antwort geben. Familie Beamer entscheidet selbst, ob die Antwort richtig ist und es somit einen Punkt gibt. Anschließend darf Familie Flipchart mit einer ihrer Quiz-Fragen kontern usw. Am Ende gewinnt die Familie mit den meisten Punkten. Viel Erfolg!"

Wenn alle mit Video zugeschaltet sind, ist es effektvoll, wenn die fragenstellende Familie ihre Kamera immer mit einem Post-it zuklebt oder sie einfach ausschaltet. Dann liegt der Fokus mehr auf der Familie, die die Frage beantwortet. So ist schneller erkennbar, wer in der eigenen Familie ist. Es entsteht der Eindruck, sich intern miteinander besprechen zu können.

Besonderheiten/Anmerkungen

Eine gute Möglichkeit, die TN schnell aktiv werden zu lassen. Sie als Trainer/in sind ausschließlich Moderator/in und Punk-tezähler. Sie entscheiden nicht über das Ergebnis.

Variante

Wenn es keine Möglichkeit für Gruppenräume gibt, teilen Sie die TN trotzdem in zwei Familien auf: z.B.: Gruppe 1 = alle, die im ersten Halbjahr geboren sind und Gruppe 2 = alle mit Geburtstag im zweiten Halbjahr.

Nun bekommt jeder TN 2-3 Minuten Zeit, sich selbst Fragen zu überlegen und zu notieren. Benennen Sie als Moderator/in nun immer eine Person aus der jeweiligen Familie, die eine ihrer Fragen für die jeweils andere Familie stellt. So sammeln auch die beiden Familien ihre Punkte, die Fragen wurden nur nicht vorher mit der Familie besprochen, sondern stammen von jedem einzelnen Familienmitglied.

Feel me

Emotionen erhöhen die Präsenz und Überzeugungskraft

Sabine Venske-Heß

Organisation

Anzahl: Im Plenum 10 TN, bei digitalen Kleingruppenräumen unbegrenzt

Zeitbedarf: Demo 5 Minuten, Übung 20 Minuten, Auswertung 5 Minuten, insgesamt 30 Minuten

Material: Visualisierung der Emotions-Liste

Vorbereitung:

– Digitale Kleingruppenräume vorbereiten
– Emotions-Liste erstellen (verfügbar als Download-Ressource)

Effekte

› Auflockerung
› Interaktion
› Mehr Emotionen in der Stimme
› Mehr Zutrauen, auch im virtuellen Medium präsent zu sein
› Wortschatz erweitern
› Zuhörende in den Bann ziehen

Anforderung an die digitale Plattform

› Chatfunktion
› Bei einer größeren Gruppe digitale Kleingruppenräume

Gert Schilling (Hrsg.): 80 Spiele fürs Live-Online-Training

Spielbeschreibung und Ablauf

Zum Einstieg in die Übung demonstrieren Sie das Vorgehen: „Bitte öffnet den Chat und macht euch schreibbereit. Ich werde euch gleich etwas zu meinem Hobby erzählen. Währenddessen seid ihr aufgefordert, aus einer Liste, die ich einblende, nach und nach Emotionen in den Chat zu schreiben. Ich bemühe mich darum, beim Erzählen diese Emotionen aufzugreifen. Mal schauen, was dadurch passiert. Seid ihr bereit? Gebt mir mal ein ‚!‘ in den Chat, wenn es losgehen kann."

Nachdem Sie die Emotionsliste für alle sichtbar eingeblendet haben, beginnen Sie zu reden. Nach und nach nutzen Sie die angebotenen Emotionen, um Ihre Stimmung und damit Ihre Stimme zu verändern. Es ändert sich oft automatisch der Fokus Ihrer Erzählung, auch nutzen Sie vielleicht Worte, die Sie sonst nicht so häufig verwenden. Nach drei bis vier Minuten beenden Sie die Demonstration.

heiter	verliebt	neckend	aufgeregt	inspiriert	heiß
dankbar	gemütlich	sanft	fokussiert	amüsiert	albern
wohlig	träumerisch	entspannt	begeistert	aufgekratzt	enthusiastisch
traurig	müde	gelangweilt	irritiert	verärgert	wütend
erschöpft	bleiern	mutlos	mulmig	ängstlich	panisch
aufgelöst	bekümmert	gleichgültig	nervös	gestresst	aufgewühlt

Hilfreich ist, wenn allen TN die Emotions-Liste als Datei zur Verfügung steht. Entweder finden die TN die Datei in den Kleingruppenräumen vor oder Sie haben sie vorher per E-Mail an alle verschickt.

Wenn Sie in einem Seminar sind, in dem es um das Thema Kundenkommunikation geht, kann die Arbeitsanweisung an die TN wie folgt lauten: „Genau so macht ihr das jetzt in

Dreiergruppen. Wenn ihr im digitalen Kleingruppenarbeitsraum seid, verteilt bitte zuerst die Buchstaben A, B und C untereinander. A erzählt etwas von ihrem oder seinem letzten Kundenkontakt. B und C laden A per Chat ein, die Emotionen immer wieder zu wechseln. Die erzählende Person bestimmt das Tempo, es geht nicht um Geschwindigkeit, macht euch keinen Stress. Vielmehr geht es ums Hineingehen in die Emotion – und darum, zu beobachten, was sich dadurch verändert. Nach ca. 3 Minuten stoppt bitte und lasst A kurz reflektieren, wie sie oder er die Übung

Variante

Bei weniger TN ist dies auch eine tolle Plenumsübung. Besonders, wenn die TN in ihrer Praxis (künftig) online präsentieren, ist diese Übung als Unterstützung sehr hilfreich. Dann lassen Sie die TN ihre tatsächlich zu haltenden Präsentationen erproben, ergänzt um die Übung zu Emotionen.

erlebt hat. Dann wechselt ihr, B ist dran. Und dann wechselt ihr natürlich auch noch mal zu C. Nach 18 Minuten hole ich euch zurück. Ich schicke zwischendurch Hinweise, wann ihr wechseln solltet – und komme evtl. für einige Minuten in eure Gruppe hinein. Lasst euch dadurch bitte nicht unterbrechen, ich bin nur neugierig. Wenn ihr Unterstützung braucht, schickt mir ein Signal. Alles klar, gebt mir einen Daumen hoch, wenn Ihr startklar seid."

Eine mögliche Reflexion: „Schreib mal in den Chat: In welchen Situationen ist es zielführend, wenn du ab jetzt noch mehr deine Emotionen spürbar werden lässt?" Greifen Sie einige Situationen heraus und hinterfragen Sie sie: „Klasse. Und jetzt schreib bitte in den Chat, wie du dich daran erinnern wirst, dass du das machen möchtest. Und wie du es weiter üben wirst."

Eine Emotions-Liste (PDF-Dokument) finden Sie im **Download**.

Gespräche mit mächtigen Gesprächspartnern

Auswirkungen des Kommunikationsverhaltens verändern mit Fragen, Quittung, Widerworten

Thomas Sajdak

Organisation

Anzahl: Max. 12 TN, 2 für das Rollenspiel, die anderen TN sind Beobachter

Zeitbedarf: 45-60 Minuten

Material: Keines

Vorbereitung: Auf einem digitalen Whiteboard wird eine kleine Tabelle vorbereitet, die die Namen und Funktionen der TN zeigt. Diese Tabelle sieht zunächst nur die Seminarleitung, sie wird erst nach dem Rollenspiel allen gezeigt. Alternativ wird ein Dokument mit einer vorbereiteten Tabelle (Word oder Excel) genutzt.

Effekt und Einsatzmöglichkeiten

› Kooperation
› Interaktion
› Reflexion
› Fragen stellen
› Haltung gegenüber Konventionen

Anforderung an die digitale Plattform

› Alle TN sind über Video sichtbar.
› Kleingruppenbildung in digitalen Räumen möglich
› Digitales Whiteboard – alternativ Bildschirmteilung des Dokuments mit der Tabelle

Spielbeschreibung und Ablauf

Sie entwerfen für die TN folgendes Szenario: „In Ihrer Firma ist viel zu tun. Sie sind richtig erfolgreich. Jetzt kommt es zu einer Umstrukturierung. Neue Teams. Neue Führungskräfte. Sie selbst werden befördert und suchen gleichzeitig eine/n Nachfolger/in für ihre aktuelle Position. Die Personalabteilung hat schon eine Kandidatin/einen Kandidaten von extern ausgewählt, die/der sich bei Ihnen im Rahmen einer virtuellen Konferenz vorstellt."

Nachdem das Setting soweit klar ist, erfolgt die Suche nach zwei Freiwilligen für die Rollen. Die Freiwilligen erhalten natürlich einen virtuellen Applaus. Gesucht werden:
> eine Führungskraft
> ein/e Bewerber/in

Die Person in der Rolle der Führungsfunktion können Sie vor Beginn des Rollenspiels noch einmal kurz briefen, auf welche konkrete Funktion sich die Bewerberin/der Bewerber bewirbt. Diesen Part können Sie frei gestalten – werden Sie nicht zu detailliert.

Angenommen, Herr Müller und Frau Schmidt beteiligen sich an der Übung. Sie haben eine leere Tabelle vorbereitet, die wie folgt aussieht:

Vor dem Rollenwechsel

Chef/in	Bewerber/in
Herr Müller	Frau Schmidt

Nach dem Rollenwechsel

Chef/in	Bewerber/in
Frau Schmidt	Herr Müller

Geben Sie das Startzeichen zum Rollenspiel. Normalerweise eröffnet jetzt die Führungskraft das virtuelle Bewerbungsgespräch.

Alle anderen TN verfolgen das Gespräch als Beobachter und Sie selber machen sich in Ihrer vorbereiteten Tabelle Notizen, ohne dass die anderen diese schon sehen können.

Für jede Frage, die ein Rollenspieler stellt, wird ein „F" in der Spalte der entsprechenden Namensspalte gemacht und für jede Antwort ein „A".

Mit hoher Wahrscheinlichkeit entwickelt sich ein sehr gleichmäßiges Schema auf dem virtuellen Whiteboard: In der Spalte der Führungskraft zeigt sich am häufigsten der Buchstabe „F" und in der Spalte der bewerbenden Person am meisten der Buchstabe „A". Sobald dieses Muster signifikant zu erkennen ist – und das ist meistens spätestens dann der Fall, wenn ca. vier Fragen gestellt und vier Antworten gegeben wurden –, brechen Sie die Übung ab: „Stopp, vielen Dank."

Fragen Sie die Beobachter: „Gibt es irgendetwas Ungewöhnliches oder Auffälliges an dem Gespräch bisher?" – Die Tendenz ist hier meistens, dass nichts Besonderes aufgefallen ist.

Fahren Sie fort: „Nun kommt ein entscheidender Part der Übung, den ich vorher auch bewusst nicht ankündige. Denn nun drücken wir den Resetknopf und switchen die Rollen der beiden. Herr Müller schlüpft in die Rolle des Bewerbers und Frau Schmidt ist nun die Führungskraft."

Erneut eröffnet die Führungskraft das virtuelle Bewerbungsgespräch. Sie protokollieren wieder in Ihrer Tabelle, wer fragt und wer antwortet.

Sehr wahrscheinlich wird sich dasselbe Schema wieder einstellen: Die Führungskraft stellt die meisten Fragen. Und wieder brechen Sie nach einer Serie von ca. vier Fragen und vier Antworten ab. Fragen Sie erneut, ob den Beobachtenden etwas Ungewöhnliches aufgefallen ist.

Zu diesem Zeitpunkt spiegelt die Tabelle meist folgendes Bild wieder:

Vor dem Rollenwechsel

Chef/in	Bewerber/in	
Herr Müller	Frau Schmidt	
F	A	
F	A	
F	A	
F	A	

Nach dem Rollenwechsel

Chef/in	Bewerber/in	
Frau Schmidt	Herr Müller	
F	A	
F	A	
F	A	
F	A	

Die Tabelle wird allerdings immer noch nicht gezeigt.

Wer zuletzt in der Führungsrolle war, wird nun gebeten, in dieser Rolle noch kurz zu bleiben. Der/die Bewerber/in wird mit einem kurzen virtuellen Applaus aus dieser Übung entlassen.

Sagen Sie jetzt: „Liebe Teilnehmende, nun gehe ich kurz in die Rolle des Bewerbers. Ich werde gleich bewusst zwei sehr extreme Varianten spielen. Lassen Sie diese einfach auf sich wirken."

In diesem ersten Szenario stellen Sie aus der Bewerberrolle heraus bewusst sehr viele Fragen an die Führungskraft:

> „Wie hat Ihnen meine Bewerbung gefallen?"
> „Warum haben Sie ausgerechnet mich gewählt?"
> „Was darf ich von Ihnen als Chef erwarten?"

> „Welche Herausforderungen haben Sie gerade in Ihrem Team?"
> „Welche Kompetenzen benötigen Sie hier gerade am meisten?"

Manchmal sagt die Person in der Führungsrolle so etwas wie: „Ich stelle hier die Fragen." – Auch in dieser Situation ist es wichtig, dass Sie in der Bewerberrolle gleich zurückfragen: „Woher kommt diese Einstellung?" Oder: „Warum ist Ihnen das denn so wichtig?"

Nach fünf bis acht Fragen von Ihnen in der Bewerberrolle können Sie meistens abbrechen. Wenn Sie es gut gemacht haben, lacht meist bereits der gesamte virtuelle Raum. Dieses Verhalten ist schlichtweg atypisch.

Jetzt zeigen Sie noch eine zweite Variante. In dieser zweiten Variante lassen Sie die Führungskraft das Gespräch ganz regulär beginnen, üblicherweise mit Fragen wie: „Hat der Online-Zugang problemlos geklappt?" Oder: „Was hat Sie bewegt, sich bei uns zu bewerben?" Ganz wichtig für Sie in der Trainerrolle ist nun, dass Sie diesen Fragen mit dem Instrument, um das es dann auch gleich gehen wird, konsequent begegnen. Dieses Instrument ist eine sogenannte „Quittung", also eine Anerkennung für die Frage des Gesprächspartners. So eine Quittung ist dann zum Beispiel: „Schön, dass Sie mich das fragen." Oder: „Auf diese Frage habe ich schon gewartet."

Direkt nach der Quittung kommt dann natürlich eine passende Antwort zu der Frage des Gesprächspartners und direkt danach spielen Sie eine Frage zurück. Zum Beispiel: „Wie wichtig ist diese Kompetenz für Ihr Team?" Oder: „Gestatten Sie, welche Herausforderungen sind denn aktuell die größten bei Ihnen?"

Im Anschluss zu den Antworten stellen Sie gleich eine Frage zurück. Zum Beispiel: „Welche Rolle spielen meine Kompetenzen bei Ihnen im Team?" – Nun entsteht ein echter Dialog und

nicht nur ein linearer Gesprächsverlauf mit Fragen seitens der Führungskraft und „braven" Antworten seitens des Bewerbers. Die beobachtenden TN erleben, dass die zweite Variante einen echten, angenehmen und interessierten Dialog erzeugt.

Nach einer Weile brechen Sie das Rollenspiel ab und fragen alle TN, welche Unterschiede sie in den Gesprächen erlebt haben.

An dieser Stelle zeigen Sie auch die Tabelle aus den ersten beiden Rollenspieldialogen. Oft wird schnell klar, dass wir Verhalten mit bestimmten Rollen verknüpfen. Diese Übung berührt daher sowohl rhetorische Aspekte als auch Haltungs- und Einstellungsaspekte anderen gegenüber.

Besonderheiten/Anmerkungen

Die Übung verdeutlicht das Zusammenspiel von Einstellung und Rhetorik und welchen Einfluss dieses Zusammenspiel auf unsere Wirkung in Gesprächen hat.

Variante

Schön ist, wenn Sie eine Übung für die gesamte Gruppe anschließen. Für diese Anwendungsübung werden Zweiergrüppchen gebildet. Dazu haben Sie für jedes Zweierteam digitale Kleingruppenräume vorbereitet.

Erläutern Sie die Aufgabe: „Wir werden in dieser Übung einmal bewusst miteinander ‚streiten'.

› **Phase 1:** Bitte überlegen Sie sich ein Streitthema, bei dem es zwei klare Fronten gibt, z.B. Veganer vs. Fleischesser oder Hundeliebhaber vs. Katzenliebhaber usw.
› **Phase 2:** Bitte streiten Sie und versuchen Sie, durch entsprechende Argumente den Streit zu ‚gewinnen'.
› **Phase 3:** Nun muss nach jedem Argument oder nach jeder Frage zunächst eine Quittung verwendet werden."

An dieser Stellte erläutern Sie noch einmal das Dialog-Prinzip der Quittung an einigen Beispielen: „Gute Frage, interessanter Aspekt, so habe ich das noch nie betrachtet, super …"

Die Regel für die **Phase 4** lautet: „Es dürfen keine Widerworte verwendet werden wie ‚aber', ‚trotzdem', ‚allerdings', ‚dennoch' und ‚jedoch'. Immer, wenn Sie diese beim Gesprächspartner hören, dürfen Sie laut ‚möööööpen' und der- oder diejenige muss neu ansetzen."

Hilfreich ist, diese vier Phasen für die TN zu visualisieren und mit in die Kleingruppenräume zu geben. Wenn die digitale Plattform es ermöglicht, können Sie den TN auch einen Impuls in die Kleingruppenräume schicken: „Jetzt mit Phase 2 beginnen." Nach ca. 15-20 Minuten holen Sie die Zweierteams zurück ins Plenum.

In der Reflexion erkennen die TN meist, das jeder Streit in einem harmonischen Konsens endet, wenn man „quittiert" und „Widerworte" durch gut überlegte Rückfragen ersetzt.

🔽 Ein Visualisierungsbeispiel der vier Phasen finden Sie im **Download.**

Hop oder Top

Inhaltliche Wiederholung mit anregendem Wettbewerbsspiel

Zamyat M. Klein

Organisation

Anzahl: 2-20 TN

Zeitbedarf: 20-30 Minuten (je nach Aufgabenstellung)

Material: Papier und Stift (ein TN pro Gruppe)

Vorbereitung: Keine

Effekt

› Wiederholung eines Themas
› Integration des ganzen Seminarthemas

Anforderung an die digitale Plattform

› Alle TN sollten per Video und Audio zugeschaltet sein.
› Digitale Kleingruppenräume

Spielbeschreibung und Ablauf

Die TN werden in 2 Gruppen aufgeteilt, A und B. Beide Gruppen erhalten die Aufgabe, 6 Aussagen zu einem Thema zu notieren, wovon einige falsch sind. Das kann sich auf das ganze Seminar beziehen oder auf ein bestimmtes Thema innerhalb des Seminars. Wenn Sie mehr Seminarzeit einplanen möchten, können es auch 10 Aussagen sein. Es wird nicht vorgegeben, wie viele Aussagen richtig oder falsch sein sollen.

In der Gruppe notiert ein TN die gesammelten Aussagen auf einem Blatt Papier.

Nach einer vereinbarten Zeit kommen die Gruppen wieder in den gemeinsamen Raum zurück. Gruppe A beginnt und einer aus der Gruppe liest die 1. Aussage vor. Die TN der Gruppe B entscheiden nun innerhalb weniger Sekunden: Ist diese Aussage richtig oder falsch? Dazu können sie laut vor allen miteinander diskutieren, da das für die anderen auch lehrreich und unterhaltsam ist.

Dann zählen Sie als Trainer/in laut „1-2-3" und danach zeigen alle der Gruppe B mit einer Geste, ob sie die Aussage als richtig oder als falsch einstufen. Bei „falsch" kreuzen sie die Arme vor der Brust, bei „richtig" reißen sie die Arme nach oben.

Variante

Je nach Plattform können die TN statt-dessen auch grüne Häkchen für richtig anklicken und ein rotes Kreuz für falsch.

Nach jeder Antwort-Reaktion löst ein Mitglied der Gruppe A auf, ob die Gruppe B richtig- oder falschlag. Die richtigen Punkte werden von Ihnen notiert. Wichtige Regel: Alle TN einer Gruppe müssen einheitlich reagieren. Tanzt jemand aus der Reihe und macht eine andere Geste, bekommt die Gruppe einen Minuspunkt.

So werden nach und nach alle Aussagen der Gruppe A vorgestellt und Punkte gesammelt.

Wenn die Gruppe A alle Aussagen vorgetragen hat, kommt die Gruppe B dran und trägt ihre Aussagen vor. Die Gruppe A entscheidet, was richtig oder falsch ist.

Die Gruppe, die am Ende die meisten Punkte gesammelt hat, gewinnt. Großer Applaus!

Besonderheiten/Anmerkungen

Es ist völlig in Ordnung, wenn die TN in den Gruppen ihr Seminarmaterial anschauen, um entsprechende Aussagen zu formulieren. Das Gegeneinanderantreten ist nur das Sahnehäub-chen, da Wettbewerbsspiele meist sehr beliebt sind. Die eigentliche Wiederholung findet in den Arbeitsgruppen statt, die noch einmal gemeinsam beratschlagen, was sie zum Thema gelernt haben und dann richtige und falsche Aussagen besprechen und notieren. Das Spiel funktioniert nur bei Aussagen, die eindeutig falsch oder richtig sind. Nicht bei Meinungs-aussagen einsetzen.

ICE-Fahrt

Die Teilnehmenden erfahren, wie der Informations-gehalt einer Nachricht ankommt

Claudia Simmerl

Effekt

› Interaktion
› Feedback
› Bewusstmachen von Informationsvermittlung
› Dialog statt Monolog
› Ziel verdeutlichen
› Infos vermitteln auf mehreren Sinneskanälen
› Als Sender/Präsentator auf die Wirkung achten (kurze Feedback-Schleifen)

Anforderung an die digitale Plattform

› Videokamera, Mikrofon und Lautsprecher pro TN
› Digitale Kleingruppenräume
› Präsentationsprogramm
› Whiteboard in Gruppen zur Auswertung oder Chatfunktion

Organisation

Anzahl: 4-6 TN, bei größeren Gruppen die TN aufteilen in 4er-/5er-/6er-Gruppen

Zeitbedarf: 40 Minuten inkl. Auswertung

Material: ICE-Fahrt-Text

Vorbereitung: ICE-Fahrt-Text auf einem PPT-Chart. Flipchart zur Auswertung vorbereiten

Spielbeschreibung und Ablauf

Der Text auf dem PowerPoint-Chart lautet:

› Am (hier schreiben Sie das Veranstaltungsdatum rein) fährt um 9.25 Uhr ein ICE von Hamburg-Altona nach Prag ab.
› Um 11.05 Uhr hält der Zug in Kassel-Wilhelmshöhe, Gleis 3.
› Er hat 2 Minuten Verspätung.
› In Kassel-Wilhelmshöhe steigen in den ersten Wagen 15 Reisende aus Dortmund ein. Sie fahren mit einem Kurswagen weiter nach Rom.
› In Würzburg werden in den Speisewagen des ICE 80 Flaschen trockener Frankenwein eingeladen, außerdem 3 Kartons Sekt.
› Der Lokführer des ICE ist 38 Jahre alt und stammt aus Gelsenkirchen.

Auf Ihrer Online-Plattform richten Sie einen Kleingruppenraum ein. Stellen Sie den digitalen Raum so ein, dass die TN selbstständig in den Hauptraum zurückkehren können.

Jetzt geht es los: „Ich lade euch zu einem Kommunikations-Experiment ein! Dazu brauche ich eine/n Freiwillige/n, die/der sich einen kurzen Text einprägen darf. Die anderen kommen später dran und lassen sich bitte überraschen! Es wird etwas passieren, was für Kommunikation typisch ist!"

Hans meldet sich als Freiwilliger. „Ich werde jetzt alle bis auf Hans in den Warteraum ‚verschieben'. In gewissen Zeitabständen werde ich euch einzeln in den Hauptraum zurückrufen. Achtet bitte dazu auf die Nachricht, die ich euch in den digitalen Kleingruppenraum schicke. Legt bitte eigenständig die Reihenfolge fest, in der ihr zurückkommt. Wir werden dann einen Kommunikationsprozess durchlaufen. Im Hauptraum bekommt ihr Infos über eine ICE-

- Am 9.25 Uhr fährt ein ICE von Hamburg-Altona nach Prag ab.
- Um 11.05 Uhr hält der Zug in Kassel-Wilhelmshöhe, Gleis 3.
- Er hat 2 Minuten Verspätung.
- In Kassel-Wilhelmshöhe steigen in den ersten Wagen 15 Reisende aus Dortmund ein. Sie fahren mit einem Kurswagen weiter nach Rom.
- In Würzburg werden in den Speisewagen des ICE 80 Flaschen trockener Frankenwein eingeladen, außerdem 3 Kartons Sekt.
- Der Lokführer des ICE ist 38 Jahre alt und stammt aus Gelsenkirchen.

Fahrt. Die merkt ihr euch möglichst gut, um sie dann an die nächste Person weiterzugeben."

Nach der Erklärung „verschieben" Sie alle TN in den Kleingruppenraum – außer Hans. Hans bekommt den ICE-Text per E-Mail zugesendet oder am Bildschirm eingeblendet. Nun hat er ein paar Minuten Zeit, sich den Text einzuprägen, sodass er die Informationen sinngemäß richtig weitergeben kann (ohne Zettel).

Varianten

› Die Übung kann auch aufgezeichnet werden. Die TN freuen sich im Anschluss über diese Erinnerung.

› Die Übung kann ebenso zur Reflexion des eigenen Stressverhaltens verwendet werden: Wie gehe ich mit Druck um? Wie verzeihe ich mir eigene Fehler?

Jetzt rufen Sie den ersten TN aus dem Kleingruppenraum zurück. „Es geht los." Hans soll nun aus dem Gedächtnis den gelernten Text an den ersten Empfänger weitergeben. Der Empfänger soll ihn sich merken und dann im Anschluss an den nächsten weitergeben. „Bitte erzähle nun deine Infos über die ICE-Fahrt an …! Und du, merke dir bitte so viel wie möglich!"

So geht es dann zügig weiter: Der nächste Wartende kommt in die „ICE-Fahrtgruppe" im Hauptraum und wird den Text empfangen. Die „fertigen" TN schauen und hören als Beobachter zu.

Der letzte TN erhält nun die Aufgabe, den Text an alle zu verkünden. Danach bitten Sie Hans, den Ursprungstext vorzulesen. Es entsteht Gelächter und Staunen, denn der Text hat sich in der Regel stark verändert.

Bei der Reflexion können Sie wie folgt vorgehen:
› „Nun lasst uns das Experiment auswerten: Bitte tauscht euch in Kleingruppen zu folgenden Fragen aus: a) Wie kommt es, dass sich die Nachricht so verändert? b) Was können wir tun, damit die Kommunikation sicherer wird?"
› Verteilen Sie 3er-Gruppen in Breakout-Räumen und bitten sie um Visualisierung der Ergebnisse, z.B. auf einem Whiteboard.

> Es folgt eine knackige Präsentation im Plenum.
> Ergänzen Sie ggf. mit einem Info-Chart. Zum Beispiel: Vermitteln Sie Informationen über Sinneskanäle (nur hören, nur sehen, hören und sehen, selbst erfahren).

Besonderheiten/Anmerkungen

Üblicherweie sprechen die TN noch lange von der besonderen ICE-Fahrt. Es ist ein toller Aha-Effekt, wie 80 Prozent des Informationsgehaltes verloren gehen, sich verändern, durchrauschen, wenn man nur im Monolog spricht.

Dagegen lassen sich 90 Prozent nachhaltig vermitteln, wenn man die Erfahrungen des anderen einbezieht, im Dialog redet und visualisiert.

Das abgebildete PowerPoint-Chart finden Sie als Vorlage im **Download**.

Kreative Endlosschleife

Mit Zeichnen kreativ in Aktion kommen

Sandra Bach & Ulrike Götz

Organisation

Anzahl: 4-20 TN, bei ungerader Anzahl kann auch eine 3er-Gruppe gebildet werden

Zeitbedarf: 20-30 Minuten

Material: Alle TN brauchen A4-Papier oder Post-its, Kugelschreiber, Textmarker.

Vorbereitung: Die TN können gern im Voraus (per Mail) informiert werden, dass es einen kreativen Einstieg ins Seminar gibt und sie sich Papier, Kugelschreiber und ihre Textmarker bereitlegen sollen.

Variante: Zeichen-/Kommentierwerkzeuge, Stift für TN, Whiteboard oder leere Folie teilen

Effekt

> Auflockerung
> Kennenlernen
> Kooperation
> Interaktion
> Seminareinstieg
> Vertraut werden mit Zeichenwerkzeugen der jeweiligen Plattform
> Erkenntnis, dass jeder zeichnen kann

Anforderung an die digitale Plattform

> Alle per Videobild sichtbar
> Digitale Kleingruppenräume
> Digitales Whiteboard für die Variante

Gert Schilling (Hrsg.): 80 Spiele fürs Live-Online-Training

Spielbeschreibung und Ablauf

Sie begrüßen die TN: „Heute findet eine kreative Teamübung statt, bei der ihr zu richtigen Künstlern und Künstlerinnen werdet – mit einem ganz einfachen Trick." Bitte checken Sie auch gleich, ob alle TN 1-3 Blätter Papier, einen funktionierenden Kugelschreiber und ihren Textmarker vor sich liegen haben. Diese Übung wird zweimal in digitalen Kleingruppenräumen mit jeweils 2 Personen durchgeführt und einmal in großer Runde.

Am Anfang beginnen Sie mit einer Aufwärmübung:

„Bitte nehmt euren Kugelschreiber zur Hand. Es gibt drei Regeln:
1. Ihr zeichnet heute, **ohne** den Stift vom Papier abzusetzen.
2. Ihr zeichnet, **ohne** auf das Papier zu schauen.
3. Ihr habt jeweils immer nur eine Minute Zeit."

Danach halten Sie einen Gegenstand in die Kamera. Die TN zeichnen diesen nach den genannten Regeln ab. Die entstandenen Zwischenräume der Zeichnung werden mit dem Textmarker ausgemalt. Alle TN halten ihr Zeichenergebnis kurz in die Kamera. Und nun geht es richtig los.

Übung 1 in Breakout-Räumen mit vorheriger Instruktion: „Zeichnet euer Gegenüber nach den eben vereinbarten Regeln: Jeder hat 1 Minute Zeit, den anderen zu zeichnen. Bestimmt selber, wer anfängt. Beginnt links auf dem Blatt. Der Name eures Gegenübers muss auch irgendwo auftauchen." Jetzt werden immer zwei TN in die Gruppenräume eingeteilt. Nach 3 Minuten kommen alle zurück ins Plenum.

Übung 2 in digitalen Kleingruppenräumen – in anderer Zweier-Konstellation mit vorheriger Instruktion: „Zeichnet euer Gegenüber nach den genannten Regeln. Nutzt dafür eure ‚Nicht-Schreibhand'. Jeder hat 1 Minute Zeit. Bestimmt selber, wer anfängt. Zeichnet in die Mitte eures Blattes." Nach 3 Minuten werden alle wieder aus den Gruppenräumen zurückgeholt.

Übung 3 in großer Runde – wer möchte, kann die Kamera ausschalten: „Zeichnet euer eigenes Gesicht. Schließt dabei eure Augen. Der Stift ist in der Schreibhand. Mit 2 Fingern fahrt ihr langsam euer Gesicht ab. Zeichnet immer das, was ihr gerade mit euren Fingern berührt. Setzt den Stift rechts auf das Blatt auf und beginnt."

Hier ist es super, wenn während der Übung leise Musik läuft, um den TN die Stille angenehmer zu gestalten.

Im Anschluss der Übung bitten Sie alle, ihren Textmarker zu nehmen und nur ein paar der entstandenen Zwischenräume bei jedem Porträt auszumalen. Dann werden die Ergebnisse in die Kamera gehalten und es wird ein Screenshot gemacht.

Besonderheiten/Anmerkungen

Es wird mit viel Gelächter zugehen. Ermuntern Sie alle, weiterzumachen und genau die Regeln einzuhalten. Die Ergebnisse werden erstaunlich gut und es ist ein einfacher Trick, um zu zeigen, dass Kunst auch aus dem gesteuerten Zufallsprinzip entstehen kann und Kreativität in jedem von uns steckt. Bitten Sie die TN unbedingt, ihre entstandenen Werke zu digitalisieren und lassen Sie sich diese zusenden. Binden Sie die Porträts anschließend in die Dokumentation ein.

Varianten

Variante 1: Sie bleiben bei der Trainingsrunde und lassen noch weitere 2 TN einen Gegenstand in die Kamera halten, den dann alle abzeichnen. Wenn möglich, schalten Sie die Sprecheransicht an, damit alle den Gegenstand möglichst groß sehen können.

Variante 2/Zusatz: Sie als Trainer/in bestimmen die Gegenstände aus Variante 1 und stellen im Anschluss der Übung einen Bezug zum Seminarthema her oder geben die Frage in die Runde, was die gezeichneten Gegenstände mit dem Seminar zu tun haben könnten.

Variante 3/Zusatz: Sie verbinden die folgenden Themen mit Seminarinhalten über Zufall, eigene Kreativität, eigene Ressourcen oder Vorurteile.

Variante von Ulrike Götz: Wenn Sie die Zeichen- und Kommentierwerkzeuge der Plattform in Folge für inhaltliche Dinge nutzen möchten, ist dieses Spiel eine schöne Vorübung für die TN, um sich mit den Zeichenfunktionen vertraut zu machen.

Öffnen Sie ein neues Whiteboard, erläutern Sie den TN kurz die Zeichenwerkzeuge, der von Ihnen verwendeten Plattform. Beschreiben Sie danach die gemeinsame Aufgabe mit dem Hinweis, dass jede/r für sich zeichnet und begleiten Sie Ihre Beschreibung mit einem Beispiel:

„Jeder von euch wird nun einen kleinen kreativen Vogel zeichnen:

1. Zeichnet dazu zuerst mit der freien Linie einen beliebigen Kringel
2. Schreibt mit dem Textwerkzeug euren Namen dazu
3. Zeichnet den Schnabel
4. Ergänzt die Augen
5. Zeichnet die Füße
6. Zeichnet den Schwanz
7. Malt, wenn ihr wollt, euren Vogel bunt an oder ergänzt weitere Kleinigkeiten (Federbüschel auf dem Kopf o. Ä.)."

Am Ende ist eine kreative Sammlung von Kringel-Vögeln entstanden.

Küchenzauber

Bewegung und Kreativität in die Gruppenarbeit bringen

Sandra Dirks

Organisation

Anzahl: 12 TN in 3 Gruppen – max. 24 TN in 6 Gruppen

Zeitbedarf: 20-30 Minuten; bei intensiver Auswertung bis 45 Minuten

Material: Koch- oder Backrezepte, deren Umsetzung mit einfachen oder alltäglichen Zutaten möglich ist

Vorbereitung:

- Links zu Koch- oder Backrezepten bereitstellen oder selbst erstellte Rezepte zum Download anbieten
- Die konkrete Arbeitsanweisung so aufbereiten, dass sie in den Chat kopiert werden kann
- Evtl. kleine (symbolische) Gewinne vorbereiten

Effekt

› Kennenlernen
› Kooperation
› Ins Gespräch kommen
› Etwas gemeinsam bearbeiten
› Auftaktübung für ein Teamtraining

Anforderung an die digitale Plattform

› Alle TN und Referent sind über Video sichtbar.
› Kleingruppenbildung in digitalen Räumen möglich
› Chat

Gert Schilling (Hrsg.): 80 Spiele fürs Live-Online-Training

Spielbeschreibung und Ablauf

Teilen Sie die TN in Kleingruppen von maximal 3-4 TN. Die Gruppen spielen gegeneinander. Als Anreiz ist ein symbolischer Gewinn am Ende des Spiels möglich. Die Gruppeneinteilung sollte per Zufall oder manuell erfolgen. Nach Möglichkeit sollten TN die Möglichkeit wahrnehmen, neue Kontakte zu knüpfen. TN, die ausschließlich im Büro sitzen und die Zutaten nicht aus der heimischen Küche holen können, sollten hier auch in mehrere Gruppen aufgeteilt werden. Sonst könnte der Frust groß sein, weil die Büroküche möglicherweise neben Kaffee, Tee und Kaffeesahne nicht viel zur Gruppenaufgabe beitragen kann. Da muss man dann schon ziemlich kreativ werden, um mit Sonderpunkten zu überzeugen.

Kurze Einweisung (2-5 Minuten): Zeigen Sie das Flipchart in die Kamera oder teilen Sie die Folie mit Arbeitsanweisung oder kopieren Sie die Aufgabenstellung in den Chat. Dann beginnt die Gruppenarbeit und die TN werden vom System in die einzelnen Räume verteilt.

Die Aufgabe lautet wie folgt: „Findet bitte alle Zutaten! Stellt euch vor, wir hätten als Gesamtgruppe spontan die Aufgabe, ein gemeinsames Frühstück für alle zuzubereiten. Dazu brauchen wir Zutaten, die ihr in eurer Küche finden könnt. Damit wir

auch wirklich sicher sein können, dass wir alle satt werden und ein wenig Auswahl haben, hat jede Gruppe eine andere Aufgabe.

Eure Aufgabe ist es jetzt, die Zutaten zusammenzusuchen und zu besprechen, welche Zutaten ihr für euer Rezept finden könnt. Bringt diese Zutaten mit an euren Schreibtisch, damit ihr sie in die Kamera halten könnt.

Koch- oder Backrezepte sind nie auf nur eine einzige Weise anzuwenden, hier ist immer Platz für Veränderungen. Überlegt euch bitte, welche Zutaten ihr ersetzt, weil ihr sie in der Gruppe nicht zur Hand habt und wie ihr das begründet.

Varianten

Statt der Rezepte können die TN auch andere Dinge zusammensuchen. Sie könnten als Trainer/in eine Liste zur Verfügung stellen, die Materialien enthält, die man unbedingt benötigt, um einen gemeinsamen Wandertag oder ein Kreativ-Wochenende mit der gesamten Gruppe zu bestreiten. Ebenso eignen sich Listen für die Durchführung einer gemeinsamen Weihnachtsfeier, einer Jubiläums- oder Geburtstagsfeier.

Die Übung kann auch Ausgangspunkt einer kreativen Ideensuche für ein neues Projekt sein.

Denkt bitte auch darüber nach, wie und womit ihr die Rezepte verfeinern möchtet, um Extrapunkte zu gewinnen, mit denen ihr fehlende Punkte für fehlende Materialien ausgleichen könnt. Die Gruppe mit den meisten Punkten gewinnt."

Für diese Aufgabe haben die Gruppen in den digitalen Gruppenräumen 10 Minuten Zeit. Nach dieser Zeit werden die TN zurück in den Hauptraum gebeamt. Hier präsentieren die Gruppen nacheinander ihre Ergebnisse. Die anderen Gruppen entscheiden bei Extrazutaten darüber, ob die Begründungen schlüssig genug für eine Punktevergabe sind. Danach wird die Gewinnergruppe gekürt.

Besonderheiten/Anmerkungen

Die ausgewählten Rezepte, deren Zutaten die Gruppen finden sollen, benötigen nach Möglichkeit die gleiche Anzahl an Zutaten. Ich stelle für diese Aufgabe immer drei Links zu einem Online-Rezeptportal zur Verfügung. Bei mir sind das Pancakes, Frühstücksquarkbrot und Frenchtoast. In den Rezepten, die ich dazu in diesem Rezeptportal auswähle, sind jeweils sieben Zutaten zu finden. Diese drei Rezepte lassen außerdem viel Spielraum, um sie mit zusätzlichen Zutaten aufzupeppen. Hier kommen die Gruppen mit vielen Ergänzungen zurück, neben Obst, Sahne, Süßigkeiten und Gewürzen können es auch mal herzhafte Zutaten sein.

Bisher sind alle Gruppen sehr großzügig mit der Punkteverteilung untereinander umgegangen.

Magisches Dreieck – online

Kleine Veränderungen bringen das System in „Wallung"

Claudia Simsek-Graf

Organisation

Anzahl: Ab 8 TN

Zeitbedarf: 20-30 Minuten

Material: Ein Spielfeld auf einem digitalen Whiteboard, Icons als Spielfiguren oder Avatare, Spielregeln für alle Spieler

Vorbereitung: Das Spielfeld in Form eines Rechtecks mit gut erkennbarem Rahmen auf einem digitalen Whiteboard vorbereiten

Wichtig ist, dieses Feld auf dem Whiteboard zu fixieren, sodass es nicht verschoben oder verändert werden kann.

Effekt

› Auflockerung
› Kooperation
› Interaktion

Anforderung an die digitale Plattform

› Meeting-Plattform und ein digitales Whiteboard
› Gut, wenn das Whiteboard nur die Bedienelemente anzeigt, die für das Spiel benötigt werden. Die TN müssen selbstständigen Zugriff auf das Whiteboard haben, um Elemente darauf verschieben zu können.
› Beim mehr TN können digitale Kleingruppenräume sinnvoll sein

Gert Schilling (Hrsg.): 80 Spiele fürs Live-Online-Training

Spielbeschreibung und Ablauf

Je nach TN-Zahl bereiten Sie am besten mehrere Whiteboards digital für digitale Kleingruppen mit maximal 18 TN vor.

Nachdem alle TN Zugriff auf das gemeinsame Whiteboard haben, erläutern Sie die Aufgabe: „Jede/r sucht sich ein Symbol, ein Icon oder einen Avatar, als Spielfigur aus und fügt es innerhalb unserer rechteckigen Spielfläche ein."

Das Spielfeld füllt sich mit den verschiedenen Symbolen, den Spielfiguren. „Im Stillen wählt jeder Mitspielende zwei andere Spielfiguren aus. Sobald ich das Spiel freigebe, bewegen sich alle mit ihren Spielfiguren so, dass sie mit den beiden im Stillen ausgewählten Spielfiguren ein gleichseitiges Dreieck bilden."

Jetzt werden Sie beobachten, dass Bewegung in die Darstellung kommt. Kleine Änderungen einer Figur bewirken oft kaskadenartige Veränderungen des gesamten Systems.

Besonderheiten/Anmerkungen

Das magische Dreieck ist ein bekanntes Spiel, das ich immer wieder gerne einsetze. Es zeigt sehr schön, wie kleinste Veränderungen im System seine einzelnen Teile in Bewegung bringen. Mit der anschließend beschriebenen Variante kann man außerdem spürbar machen, wie sinnvoll und effektiv Selbstorganisation für die Lösung von Aufgaben sein kann.

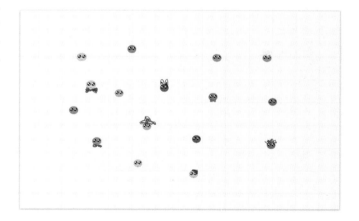

Variante

Tipp: Starten Sie mit dieser Variante, wenn Sie sie ergänzend dazunehmen.

› Aus den TN werden 2 Abteilungsleiter bestimmt. Nur die beiden Abteilungsleiter dürfen miteinander kommunizieren, z.B. via privatem Chat.

› Alle anderen dürfen nicht miteinander kommunizieren. Sie dürfen nur auf Fragen der Abteilungsleiter reagieren.

› Stellt einer der Abteilungsleiter eine Frage, wird diese vom TN beantwortet.

› Die TN dürfen sich nur auf Anweisung der Abteilungsleiter bewegen.

› Jede/r TN sucht sich ein Symbol seiner/ihrer Wahl als Spielfigur aus.

› Im Stillen wählt jeder Mitspielende 2 andere Spielfiguren aus.

› Wenn Sie als Spielleiter/in das Spiel freigeben, haben die Abteilungsleiter die Aufgabe, innerhalb von 5 Minuten alle TN so aufzustellen, dass alle mit ihren Spielfiguren so stehen, dass sie mit den beiden ausgewählten Spielfiguren ein gleichseitiges Dreieck bilden.

Nach den ersten 5 Minuten mache ich gerne eine Retrospektive mit den TN. Meistens klappt das beim ersten Durchgang nicht. Danach dürfen sie noch ein zweites Mal ran.

Wie viel Freiheit lassen die Abteilungsleiter ihren TN? Meistens wird das Ergebnis erst dann innerhalb der vorgegebenen Zeit erreicht, wenn man die TN selbstorganisiert die Aufgabe lösen lässt.

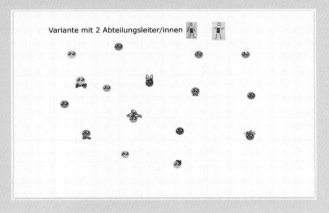

Monsterparty

Spielerisch innere Blockaden aufdecken und über Herausforderungen sprechen

Ina Glüsing

Organisation

Anzahl: 4-12 TN

Zeitbedarf: 35-45 Minuten

Material: Jede/r TN benötigt einen Stift und ein Blanko-DIN-A4-Blatt.

Vorbereitung: Hinweis in der Einladung an die Teilnehmenden, Stift und Papier mitzubringen. Erarbeitung einer schriftlichen Methodenanleitung, die im Online-Seminar schrittweise für die Teilnehmenden in den Chat gepostet wird.

Effekt

› Kooperation
› (Selbst-)Reflexion
› Herausforderungen und Ängste offenlegen
› Leichtigkeit in schwierige Themen bringen
› Gegenseitige Empathie
› Lösungsprozesse anregen

Anforderung an die digitale Plattform

› Konferenz-Software, bei der sich alle TN sehen und hören können
› Möglichkeit, die TN in digitale Kleingruppenräume einzuteilen

Spielbeschreibung und Ablauf

Übung einleiten: „Ich lade Sie ein, mit mir ein kleines Experiment zu wagen. Dafür brauchen Sie Ihren mitgebrachten Stift und das A4-Blatt. Ich leite Sie Schritt für Schritt durch."

Papier vorbereiten (1 Minute): „Zunächst lassen wir vier Kästchen entstehen. Dazu falten Sie das Blatt zweimal mittig – einmal quer und einmal längs. Voilà: Wenn Sie jetzt Ihr Blatt wieder auseinanderfalten, sehen Sie vier Rechtecke."

Formen malen (2 Minuten): „In jedes Rechteck kommt eine Form. Los geht's. Wir beginnen mit dem oberen linken Kästchen. Hier zeichnen Sie bitte eine Form mit vier Ecken ein. Die jeweilige Seitenlänge entscheiden Sie selbst. In das obere rechte Feld malen Sie eine Form mit beliebig vielen Ecken. Unten

links kommt eine Form, die sowohl Ecken als auch Rundungen hat und offen bleiben darf. Im letzten Kästchen können Sie Ihrer Kreativität freien Raum lassen und eine Form Ihrer Wahl nehmen."

Hinweis: Es kommt nicht darauf an, dass alle TN exakt die Vorgaben berücksichtigen, sondern dass vier unterschiedliche, abstrakte Formen entstehen.

Monster entwerfen (7 Minuten): „Jetzt ist Ihre Fantasie gefragt! Lassen Sie aus den Formen Monster entstehen mit beispielsweise glubschigen Augen, langen Zungen, spitzen

Zähnen, Füßen mit Krallen oder Gummi-Armen ... Ihrer Kreativität sind keine Grenzen gesetzt. Toben Sie sich aus! Und keine Sorge, das ist kein Malwettbewerb! Haben Sie einfach Spaß beim Zeichnen und Entwerfen."

Zehn Herausforderungen aufschreiben (7 Minuten): „Drehen Sie jetzt Ihr Blatt um bzw. nehmen Sie sich ein neues und schreiben Sie Ihre zehn größten Herausforderungen zur Fragestellung XYZ auf." Formulierungsbeispiele für Fragen: Was macht es für mich anstrengend, online Gruppenprozesse zu begleiten? Was hält mich davon ab, im Homeoffice fokussiert zu bleiben? Was raubt mir aktuell viel Energie?

Herausforderungen priorisieren und den Monstern zuordnen (4 Minuten): „Lesen Sie Ihre Liste noch einmal in Ruhe durch. Welche sind Ihre vier wichtigsten Herausfor-

Variante

Teilnehmeranzahl: Wenn der Fokus der Übung die individuelle Selbstklärung und nicht der Austausch in der Großgruppe ist, kann die Übung mit einer unbegrenzten Anzahl an TN durchgeführt werden.

Material: Die Monster können durch den Einsatz bunter Stifte noch mehr Leichtigkeit bekommen.

Dokumentation: Die entstandenen Monster können fotografiert und auf einer Online-Pinnwand festgehalten sowie geteilt werden.

Transfer: Man kann mit den TN noch einen Schritt weitergehen und den zukünftigen Umgang mit den Monstern thematisieren. Die TN erhalten beispielsweise die Frage, wie die kleinen Monster im Alltag zu Mentoren oder gar Helden werden können? Weitere Fragen könnten sein: Was ist die gute Absicht jedes Monsters? Wann kommt es zum Vorschein? Was braucht es, um das Monster in solchen Momenten zu besänftigen und konstruktiv mit der Situation umgehen zu können? Das „Lieblingsmonster" kann zusätzlich ausgeschnitten werden und als Anker bzw. Erinnerung dienen.

derungen? Nummerieren Sie diese mit 1 bis 4. Wenn Sie jetzt auf Ihre Monster schauen, welches Monster passt am besten zu welcher Herausforderung? Schreiben Sie die Zahl der Herausforderung auf das Monster und wenn Sie Lust haben, können Sie dem Monster auch einen Namen geben."

Reflexion zu zweit in digitalen Kleingruppenräumen (7 Minuten pro Person): „Jetzt wird es Zeit für eine kleine Monsterparty. Dafür teile ich Sie in Zweiergruppen und dann können Sie sich Ihre Monster gegenseitig vorstellen. Das darf ruhig mit einem Augenzwinkern oder Lachen passieren. Welche Monster haben Sie? Was ist Ihr ‚Lieblingsmonster'? Was zeichnet es aus?"

Monsterparty im Plenum (optional – 10 Minuten): „Willkommen zurück in der großen Runde. Ich bin neugierig: Welche Erkenntnisse nehmen Sie sich aus der Übung mit bzw. welches Monster war besonders spannend für Sie?"

Besonderheiten/Anmerkungen

Die kunstvolle Abstraktion hilft vielen TN, den nötigen Abstand zu einer für sie schwierigen Problematik zu gewinnen. Mithilfe der Monster begegnen sie ihren Herausforderungen mit mehr Humor und Leichtigkeit und können sich freier mit anderen dazu austauschen.

Apropos Leichtigkeit: Die Übung lebt davon, dass der/die Anleitende selbst daran Spaß hat. So wird das spielerische Element betont und die TN können sich besser für die Methodik öffnen. Bei verhärteten Konflikten ist der Einsatz der Methodik nicht ratsam, weil das Bild der Monster als „Verniedlichung" falsch verstanden und damit das Thema gegebenenfalls ins Lächerliche gezogen werden könnte.

Online Fish-Bowl

Angeregt diskutieren und argumentieren

Yvo Wüest

Organisation

Anzahl: 8 bis 25 TN

Zeitbedarf: 20-30 Minuten

Material: Keines

Vorbereitung: Übung evtl. schon bei der Seminarankündigung beschreiben und argumentativen Vorbereitungsauftrag erteilen

Effekt

› Kooperation
› Interaktion
› Reflexion
› Austausch
› Vorbereitung Transfer in die Arbeitspraxis

Anforderung an die digitale Plattform

› Konferenz-Software, bei der sich alle Teilnehmenden sehen und hören können
› Galerieansicht aller Teilnehmenden

Spielbeschreibung und Ablauf

Erklären Sie die Übung: „Drei bis max. 4 Personen sind eingeladen, mit der Diskussion zu starten. Diese Personen befinden sich sozusagen im inneren Kreis dem ‚Fish-Bowl'. Um deutlich zu machen, wer sich im ‚Fish-Bowl' befindet, schalten diese ihre Kamera und ihr Mikrofon ein. Alle anderen Teilnehmenden schalten Kamera und Mikrofon aus."

Die Anmoderation könnte so lauten: „Wir haben heute auf der Bühne drei Fachpersonen, welche die Diskussion eröffnen. Sie starten mit dem Thema und diskutieren ihre Antworten zu den aufgeworfenen Fragen. Immer, wenn Personen aus dem äußeren Kreis den Eindruck haben, die Diskussion schläft gerade etwas ein oder sie könnten zu einem angesprochenen Thema wichtige Beiträge liefern, schalten sie ihre Kamera und ihr Mikrophon ein und nehmen an der Diskussion teil."

Erläutern Sie noch die zusätzliche Regel: „Immer, wenn jemand im inneren Kreis den Eindruck hat, er oder sie hat schon alles Relevante zum Thema gesagt, schaltet er oder sie zügig die Kamera und das Mikrofon aus und begibt sich dadurch in den äußeren Kreis."

Zur Dokumentation können Sie einen Screenshot und/oder eine kurze Videoaufnahme machen, wenn die Diskussion läuft.

Besonderheiten/Anmerkungen

Die Übung gewinnt mitunter an Tiefe, wenn Sie im Vorfeld einzelne Teilnehmende bewusst anfragen und bitten, den Start der „Fish-Bowl-Diskussion" zu übernehmen und entsprechend inhaltlich vorzubereiten.

Varianten

Position: Die Teilnehmenden übernehmen eine bestimmte Position (pro, kontra etc.) und visualisieren dies, indem sie einen entsprechenden deutlich beschrifteten Zettel vor der Brust tragen.

Zusätzliche Regeln: Sie können eine zusätzliche „Regel" etablieren, indem Sie sagen: „Im inneren Kreis der ‚Fish-Bowl' sollten sich immer mindestens zwei, idealerweise drei, aber nicht für längere Zeit vier oder mehr Personen bewegen."

Rettet das Eisbär-Baby

Auf spielerische Art wird die Kommunikations- und Besprechungskultur sichtbar

Claudia Simsek-Graf

Organisation

Anzahl: 5-12 TN

Zeitbedarf: 30-45 Minuten

Material: Digitales Spielfeld

Vorbereitung: Das Spielfeld wird als Brett mit 7 x 8 Feldern auf einem digitalen Whiteboard vorbereitet. Wichtig ist, dieses Feld auf dem Whiteboard so zu fixieren, dass es nicht verschoben oder verändert werden kann. Ein Icon dient als Spielfigur, z.B. ein kleiner Eisbär (siehe Abb.).

Überlegen Sie einige sichere Wege, für die Sie eine Vorlage vorbereiten. Dazu können Sie ein DIN-A4-Blatt nutzen oder in Excel ein Spielbrett mit entsprechender Felderzahl einrichten und dort mit grünen Feldern den sicheren Weg markieren (siehe Abb. „Sicherer Weg").

Die Spielregeln werden für alle Spieler visualisiert.

Effekt

› Auflockerung
› Kooperation
› Interaktion
› Besprechungskultur wird verbessert

Anforderung an die digitale Plattform

Digitales Whiteboard. Schön ist es, wenn das Whiteboard ausschließlich die Bedienelemente anzeigt, die für das Spiel benötigt werden. Das eingeblendete Spielfeld sollte geschützt und fixiert werden können. Am allerbesten ist es, wenn man eine Plattform nutzen kann, auf der sich alle Spieler gegenseitig sehen und das Whiteboard bedienen können.

Spielbeschreibung und Ablauf

Ziel des Spiels ist es, das Eisbär-Baby sicher über das Eisfeld auf die andere Seite ins Ziel zu bringen.

Dazu gibt es Rahmenbedingungen, die Sie den TN klar erläutern:
> Während des Spiels darf nicht gesprochen oder geschrieben werden.
> Kommuniziert wird mit Zeichen, z.B. per Handzeichen am Monitor. Dabei fallen dann Umstände auf wie: „Wenn ich nach rechts zeige ist das für euch links." – „Sollen wir alle unsere Videos spiegeln?" Für die Zeichen kann man auch Pfeile auf dem Whiteboard zulassen. Das hängt von der Performance der Videoübertragung ab. Die Gestaltung der Pfeile auf dem Whiteboard sollten die Teilnehmer vorgeben und am besten in einem freigegebenen Bereich selber gestalten.
> Auf das Spielfeld selbst darf nicht gemalt werden.

Bevor das Spiel beginnt, bekommt das Team 12 Minuten Zeit, einen Plan zu besprechen. Dieser Moment ist spannend: Einige Teams entwickeln ausgeklügelte Strategien, wie z.B.: „Jeder von uns merkt sich die angeknacksten Felder einer Reihe." – „Der nächste in der Reihenfolge bewegt seinen Cursor an den Anfang und bleibt dort stehen." – „Wir legen die Reihenfolge fest und der Eisbär wird an den Nachfolgenden ‚übergeben'." Manchmal kommt es auch vor, dass Teams im Vorfeld gar nicht so lange besprechen möchten, wie sie die Aufgabe lösen, sondern einfach ausprobieren wollen.

Die Spielregeln, wie das Eisbär-Baby bewegt werden kann:
> Die TN sind nacheinander in einer vorher festgelegten Reihenfolge dran, das Eisbär-Baby über das Eisfeld zu führen.
> Das Eisbär-Baby darf sich von seinem Feld aus auf alle angrenzenden Felder bewegen, auch diagonal.
> Jeweils ein Teammitglied führt das Eisbär-Baby über den sicheren Weg, bis eine unsichere Stelle zum Umkehren zwingt. Dann ist das nächste Teammitglied dran.
> Alle anderen TN dürfen Zeichen geben, wo das Eisbär-Baby seinen Weg fortsetzen soll.

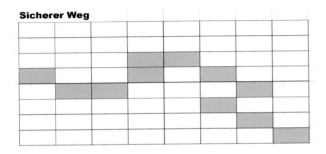

Sicherer Weg

X	Dieses Feld wurde bereits 1 Mal betreten --> es hat bereits geknackst
▉	Hier ist das Eisbärbaby schon ertrunken, ein großes Loch ist im Eis

› Es gibt einen einzigen sicheren Weg, den nur Sie als Trainerin kennen.

› Betritt das Eisbär-Baby ein unsicheres Feld, sagen Sie laut „Knacks" und markieren das angeknackste Feld auf Ihrem Plan mit dem sicheren Weg. Das Eisbär-Baby muss den sicheren Weg zurück zum Anfang gehen und sein betreuender Spieler muss sich ausruhen. Er/sie übergibt das Eisbär-Baby an den nächsten Spieler, der schon am Einstieg ins Eisfeld wartet.

› Der/die nächste TN übernimmt die Betreuung des Eisbär-Babys.

› Betritt das Eisbär-Baby ein zweites Mal ein unsicheres Feld, ertrinkt es und das Spiel ist an dieser Stelle zu Ende.

› Das Team hat 3 Versuche.

Besonderheiten/Anmerkungen

Das Spiel funktioniert online wirklich gut. Manchmal bedarf es Anpassungen bei den Regeln, z.B., wenn die Spieler sich gegenseitig nicht, sondern nur das Whiteboard sehen können. In diesem Fall nutze ich gerne die Variante mit Retrospektive (siehe rechts).

Im Idealfall ist es technisch möglich, dass der jeweils aktive TN das Eisbär-Baby eine „Eisscholle" weiter selbstständig bewegen kann. Kurz abwarten, ob es knackt und weiter geht es.

Können die TN das Eisbär-Baby nicht selbst mit der Maus weiterbewegen, übernehmen Sie das auf Zuruf des gerade für die Bewegung zuständigen TN. Nur dieser darf sein Mikrofon einschalten. Alle anderen sind auf stumm geschaltet.

Bei dieser Übung kann man sehr gut die vorherrschende Besprechungskultur kennenlernen und daraus Verbesserungspotenzial ableiten. Zum anderen kann die Aufgabe nur im Team gelöst werden. Es zeigt sich sehr schön, ob es sich um ein eingespieltes Team handelt.

Es wird auch spielerisch deutlich, wer welche Rolle im Team einnimmt. Die Vorbesprechung zu Beginn der Aufgabe ist ein Spiegel der Besprechungskultur: Macht sich ein Team aus lauter Einzelkämpfern an die Aufgabe, findet in der Regel wenig Austausch statt. In Teams mit Blame-Kultur wird schnell nach dem Schuldigen gesucht, wenn das Eisbär-Baby ertrinkt.

Vorlage der Spielregeln im **Download**.

Varianten

Mit Retrospektive: In der ursprünglichen Version dürfen die Spieler nicht miteinander reden, bis das Spiel zu Ende ist. Also bis der arme Eisbär entweder 3 Mal ertrunken oder sicher am Ziel angekommen ist. Man kann, nachdem das Eisbär-Baby ertrunken ist, eine Retrospektive einbauen. Damit können die Spieler ihre Strategie verbessern und aus den gemachten Erfahrungen lernen. Da fallen dann Sätze wie: „Wenn du dran bist, musst du den Eisbär auch bewegen, das geht mir alles viel zu langsam." Oder: „Wir können vielleicht noch das Ausrufezeichen als Symbol aufnehmen, um Gefahr zu signalisieren." Jede Retrospektive sollte nicht länger als 3 Minuten dauern.

Hybrid: Das Spiel kann auch in einer Mischform gespielt werden. Es gibt ein Online-Team und ein Team vor Ort. Das Spielfeld ist dann eine Plane mit aufgeklebtem oder gemaltem Spielfeld. Jedem Online-TN wird ein Vor-Ort-Spieler zugeordnet, der den Eisbär für den Online-Spieler darstellt. Er darf sich nur auf Anweisung seines Buddys bewegen. Sein Buddy agiert wie beschrieben. Er bekommt von den anderen Mitspielern Zeichen. Auch in dieser Variante wird eine Reihenfolge festgelegt. Und alle anderen Regeln gelten ebenfalls, wie beschrieben.

Rollenspiel online – JeuxDeSouffleur

Rollenspiel online motivierend anleiten – Teilnehmende soufflieren in den Chat

Sabine Venske-Heß

Organisation

Anzahl: 8-10 TN

Zeitbedarf: 20 Minuten pro Person

Material: Keines

Vorbereitung: Evtl. Fallbeispiele aus dem alltäglichen Erleben der Teilnehmer entwickeln

Effekt

› Kooperation
› Interaktion

Anforderung an die digitale Plattform

› Chat
› Videobild

Spielbeschreibung und Ablauf

„Ihr habt euch in der Teilgruppe mit den Situationen beschäftigt und gesammelt, welches Vorgehen zielführend ist. Anna, du hast mit deiner Gruppe an dem Wunsch nach Gehaltserhöhung gearbeitet, den ihr ablehnen werdet. Du hast ja ein bestimmtes Teammitglied vor deinem inneren Auge. Gib dieser Person bitte mal einen fiktiven Namen."

Auf diese Weise führen Sie Anna ganz sanft in das Rollenspiel hinein, das gleich stattfinden wird. Anna wird gedanklich mehr und mehr in die Situation aus ihrem Alltag einsteigen, der Übergang ins Ausprobieren wird sie wenig bis gar nicht verunsichern, da sie mit ihrem Fokus bei der für sie relevanten Situation ist, für die sie Lösungsideen mitnehmen möchte.

„Erzähl mal, was am Verhalten dieses Teammitglieds fordert dich besonders heraus in einem solchen Gespräch?"

Je nach Setting können drei Personen die Rolle von Annas Teammitglied übernehmen:

1. Sie selbst als Trainer/in – das hat den Nachteil, dass Sie viele Dinge gleichzeitig fokussieren müssen. Evtl. den Vorteil, dass Sie die Rolle gut spielen, wenn Sie Talent und Lust dazu haben.
2. Eine andere TN – toll daran ist, dass diese Person die andere Seite erlebt und die Sicht der Mitarbeiterin auch für eigene Situationen reflektieren kann. Oft spielen Kollegen allerdings „zu nett" oder „zu hart", sodass Sie eingreifen und das Verhalten der Person in eine zielführende Richtung bewegen sollten.
3. Ein professioneller Seminarschauspieler.

„Okay, schauen wir uns eure Ideen mal an. Du bist eingeladen, zu experimentieren. Es geht nicht darum, irgendwas richtig oder besonders

gut zu machen. Im Gegenteil. Hier darfst du alles tun, auch mal fluchen oder unflätige Dinge sagen. Denn das ist die Übungsplattform. Jedes nicht gut Funktionierende feiern wir, denn das ist Lernen."

„Und du, Anna, hast die einfachste Position: Wann immer du nämlich nicht genau weißt, was du als Nächstes am besten sagen oder tun solltest, hältst du bitte deinen Kuli gut sichtbar in die Kamera. Mach das mal bitte ... Genau.

Jetzt seid ihr anderen gefragt. Schreibt in den Chat, was ihr jetzt von Anna hören mögt. In wörtlicher Rede. Ihr habt 2 Minuten Zeit. Anna, du suchst dir einen Satz raus, der dir

gefällt. Du kannst den Schreibenden auch gern bitten, den Satz mal zu sprechen, damit du auch die Tonalität hörst. Wenn dir das gefällt, übernimmst du ihn und machst genau so weiter. Wie bei einem Souffleur im Theater, der dir deinen Text noch mal in Erinnerung ruft. Nur ein bisschen verlangsamt."

Durch dieses Vorgehen binden Sie alle ein und erleichtern Anna die Gesprächsführung vor Publikum. Wenn das Rollenspiel dennoch nicht hilfreich für Anna verläuft, greifen Sie natürlich in Ihren „Koffer" weiterer Interventionen. Einige Beispiele:

> Die Person interviewen, die den Antagonisten mimt (Mitarbeiterin, Kunde, Konfliktpartnerin).
> Anna zurückspulen und an einer früheren Stelle noch mal einsteigen lassen.
> Anna abklatschen lassen, jemand nimmt die Rolle ein und dann noch eine andere Person, damit Anna mehrere Varianten sieht, bevor sie selbst wieder in die Rolle hineingeht.
> Anna anbieten, sich von ihrem Team beraten zu lassen. Alle bleiben gemutet, bis auf die Teammitglieder, sie teilen ihre Eindrücke und Ideen mit Anna.

nach und nach direkt an und bitten sie, in einem Satz zu sagen, was sie selbst gerade gelernt haben. Kein Feedback für Anna, sondern eine eigene Entdeckung. Zum Beispiel: „Pausen auszuhalten, fällt mir super schwer. Und ich habe gerade noch mal erlebt, wie hilfreich sie sein können, diese Pausen. Das nehme ich mir auf meinen Übungszettel, daran werde ich arbeiten.“

Besonderheiten/Anmerkungen

Die TN haben ein Vorgehen eingeübt, mit dem sie die gewünschte Wirkung erzielen. Das Vorgehen kann gut für Führungs-, Vertriebs- oder Konfliktsituationen eingesetzt werden.

In der Auswertung schätze ich auch online ein „Sharing“ nach dem ersten Rollenspiel. In Form eines Blitzlichts sprechen Sie die TN

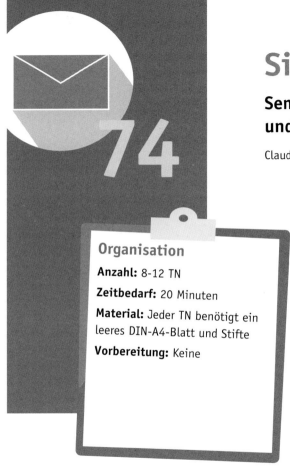

Silent Post

Sensibilisierung für verschiedene Perspektiven und Interpretationen

Claudia Simsek-Graf

Organisation

Anzahl: 8-12 TN

Zeitbedarf: 20 Minuten

Material: Jeder TN benötigt ein leeres DIN-A4-Blatt und Stifte

Vorbereitung: Keine

Effekt

› Auflockerung
› Kooperation
› Interaktion
› Kommunikation

Anforderung an die digitale Plattform

› Videobild von allen TN sichtbar
› Chat mit der Möglichkeit, Privatnachrichten an einzelne TN zu schreiben
› Digitales Whiteboard für die Variante

Spielbeschreibung und Ablauf

Zu Beginn wird eine Reihenfolge festgelegt. Online funktioniert die Reihenfolge nach dem Alphabet ganz gut oder alle schreiben ihre Namen in den öffentlichen Gruppenchat und die Reihenfolge dort gilt auch für das Spiel.

Nachdem die Reihenfolge feststeht, lautet die Spielanleitung an die TN: „Alle schreiben nun einen beliebigen Satz im privaten Chat an den laut Reihenfolge nächsten Teilnehmenden. Der letzte Teilnehmende sendet seinen Satz an den ersten auf der Liste. Abgeschickt wird der Satz erst, wenn ich das Senden freigebe. Für den Satz haben Sie 60 Sekunden Zeit." Wenn alle TN den Satz als Privatnachricht im Chat notiert haben, zählen Sie runter: „3, 2, 1 – und Satz abschicken."

Nachdem alle einen Satz erhalten haben, brauchen die TN Papier und Stift: „Jeder Empfänger malt den Satz in einem Bild auf ein DIN-A4-Blatt. Dafür haben Sie 2 Minuten Zeit. Bitte nur Bilder und Symbole zeichnen – keinen Text."

Danach halten alle TN nach und nach ihr Bild in ihre Kamera. Alle anderen raten nun, wie der ursprüngliche Satz lautete. Alle außer dem Autor des Satzes natürlich. Planen Sie für jedes Bild 1-2 Minuten Zeit ein. Bevor der nächste TN sein Bild in die Kamera hält, wird der Satz vom Autor aufgelöst.

Besonderheiten/Anmerkungen

Mit Silent Post kann man sehr plakativ vermitteln, wie unterschiedlich die Wahrnehmung und Interpretation einzelner Menschen ist. Ich spiele das gerne mit Menschen, die aus verschiedenen Kontexten, Abteilungen kommen und an Projekten gemeinsam arbeiten sollen.

Variante

Die TN zeichnen nicht auf einem Blatt Papier, sondern digital auf dem Whiteboard. Das erfordert sicheren Umgang mit den Zeichenfunktionen. Jeder TN sollte sein eigenes digitales Whiteboard haben und die Möglichkeit, den Bildschirm mit der Zeichnung freizugeben.

Dieses Spiel zeigt online sehr schön, dass es viele Interpretationen gibt – sowohl für die bildliche Darstellung des Satzes als auch bei der Interpretation der Bilder. TN aus Köln interpretieren 2 Spitzen als den Kölner Dom während TN aus dem Alpenvorland hier eher Berge sehen. Diese Übung fördert die Sensibilisierung für verschiedene Perspektiven und Interpretationen. So können Software-Entwickler erkennen, dass Anforderungen, die in einem Dokument festgehalten sind, unterschiedlich umgesetzt werden können. Häufigeres „Bilderabgleichen" kann dazu führen, dass die Nutzer mit dem Ergebnis deutlich zufriedener sind.

Story meets Impro

Bedeutsame Inhalte mitteilen und Zusammenarbeit der Gruppe stärken

Evelyne Maaß & Karsten Ritschl

Organisation

Anzahl: 8-15 TN

Zeitbedarf: 90 Minuten

Material:

– Jeder hat ein Musikinstrument. Es gehen Mundharmonika, Flöte, aber auch Topf, Löffel und Glas, Rasseln, Klangschalen, …
– Bunte Tücher und Alltagsgegenstände

Vorbereitung: Die TN bitten, die Accessoires bereitzustellen und sich genügend Raum zu geben, um auch vor dem Bildschirm aufzustehen

Effekt

› Kennenlernen
› Kooperation
› Interaktion
› Reflexion
› Verstehen und verstanden werden

Anforderung an die digitale Plattform

› Galerieansicht, um möglichst alle TN gleichzeitig im Blick und zur Auswahl zu haben
› Spotlight-Funktion, um den Angesprochenen im Blick zu halten
› On-off-Kamera-Funktion

Spielbeschreibung und Ablauf

Grundidee des Spiels: Zu einem Thema werden Geschichten aus der Gruppe erzählt und im Spiel widergespiegelt. Zunächst wählen die Anwesenden ihre Rolle für die erste Runde:

Es gibt 4 Spieler, einen Musiker, eine Erzählerin, das Publikum und Sie selbst, den Moderator. Die Spieler werden das Gehörte in einer szenischen Darstellung improvisieren.

Der Musiker wird das Gehörte in Geräusche, Laute und Klänge übersetzen. Die Erzählerin erzählt ihre Geschichte. Das Publikum lauscht. Der Moderator lädt zu Geschichten ein und vertieft durch das Befragen.

Ihre Anleitung am Beispiel zum Thema „Transparenz": „Wir haben uns heute hier zusammengefunden zum Thema Transparenz. Welche Geschichten fallen dir zu diesem Thema ein? Was hast du mit Transparenz bereits erlebt? Was ist zu diesem Thema in dir lebendig und will hier und heute von dir erzählt werden? Welches deiner Erlebnisse zu diesem Thema möchtest du mit der Gruppe teilen?"

Jetzt wählen Sie die erste Erzählerin aus. Alle anderen schalten Kamera und Mikrofon aus, sodass nur Sie und die Erzählerin im Fokus sind. Sie fragen nach, bis Sie die Essenz der Geschichte verstanden haben. Dann geben Sie in Absprache mit der Erzählerin der Geschichte einen Titel. Die vier Spieler schalten ihre Kamera und Mikrofone ein. Alle anderen haben die Kameras aus.

Der Musiker beginnt mit Klang und Musik. Die vier Spieler stellen das Gehörte dar. Das Spiel endet mit Musik.

Dann schalten sich Moderator und Erzählerin wieder ein und der Musiker und die Spieler verbeugen sich für die Erzählerin. Kurze Rückmeldung, ob die Geschichte den Kern getroffen hat.

Besonderheiten/Anmerkungen

> Lassen Sie die TN vor Spielbeginn die Instrumente einzeln vorstellen, um sicherzustellen, dass sie alle gut zu hören sind und jeder Mitspieler als Musiker Klänge erzeugen kann.
> Wenn beim ersten Anlauf die Darstellung der Geschichte nicht getroffen wurde, kann man eine zweite Spielrunde mit den gleichen Spielern einlegen.
> Nach jeder Spielrunde werden die Rollen neu besetzt.
> Es gibt Formen, in denen die Geschichte nur mit den Aspekten aus dem Erzählten widergespiegelt wird. Und es gibt Formen, in denen bereits Lösungsideen angeregt werden.
> Wir nutzen diese Übung gerne in Gruppen, wenn es um Verstehen und Verstandenwerden geht, wenn „heiße Themen brodeln" und genug Vertrauen da ist, um in diesem Rahmen zu erzählen. Auch wenn Themen sehr emotional sind. Mit Abstand sieht man etwas oft gelassener. Die Übung ist nicht therapeutisch, aber heilsam.

Varianten

Die Ambivalenz: Wenn in der Geschichte zwei widerstreitende Gefühle auftauchen, dann können jeweils 2 Spieler sich vereinbaren, dass sie den widerstreitenden Dialog nach außen bringen, z.B. Herz und Verstand, Pro und Contra. Die Spieler stehen vor der Kamera und nur derjenige, der spricht, schaut in die Kamera. Die andere Mitspielerin wendet der Kamera dann den Rücken zu. Dazu hat jeder Spieler ca. zwei Sätze, um seinen Standpunkt deutlich zu machen. Abwechselnd 3-4 Mal. Es beginnt und endet mit Musik.

„Wenn es mein Leben wäre": Wenn ein Problem auftaucht, für das der Erzähler bisher keine oder wenig Lösungsideen hat, dann spielen die Spieler nacheinander ein Solo mit dem Gedanken: „Wenn das mein Leben wäre, hätte ich den Wunsch …", „… hätte ich die Sehnsucht …", „die Idee …", „die Unterstützung …", „dann würde ich es verstehen als …", „dann würde ich probieren …"

Reflecting Team: „Ich habe eine Geschichte gehört über eine Frau, die …" – Jede Spielerin erzählt, welchen Aspekt sie besonders in der Geschichte gehört hat.

Tangram online

Kommunizier mit mir!

Steffen Powoden & Dr. Rüdiger Lang

Organisation

Anzahl: Ab 2 TN

Zeitbedarf: 10 Minuten je Durchgang

Material: Tangram in haptischer Variante (z.B. Holz) oder als PDF zum Ausdrucken und Ausschneiden. Bei Papier-Variante gerne Klebestift (fix oder removeable), evtl. bestimmte Bauvorlagen als Bilder

Vorbereitung: Die TN erhalten ihr Tangram – entweder als haptische Variante per Post im Vorfeld oder als digitale Variante per Online-Dokument (zum Beispiel als E-Mail-Anhang oder zum Download). Je nach Variante werden ggf. Bauvorlagen benötigt. Diese entweder selbst im Vorfeld bauen und fotografieren oder auf bestehende Vorlagen zurückgreifen. Diese sind in der Regel Tangrams beim Kauf beigelegt oder im Internet zu finden.

Effekt

› Kooperation
› Interaktion
› Seminareinstieg
› Reflexion
› Neues Kommunikationsverhalten ausprobieren

Anforderung an die digitale Plattform

› Falls die Plattform Video ermöglicht, kann das Bau-Resultat direkt online gezeigt, ansonsten abfotografiert und zugeschickt werden.
› Verfügt die Plattform über digitale Gruppenräume, können Untergruppen online gebildet werden. Falls nicht, können die TN auch Telefonnummern austauschen und per Telefon in Kleingruppen oder paarweise kommunizieren.

Spielbeschreibung und Ablauf

Bei dieser Aufgabe gibt es in der Grundform die Rollen „Erklärer" (Sender) und „Umsetzer" (Empfänger). Dabei kann das Verhältnis 1:1 oder 1:x sein. Pro Erklärer-Kombination wäre es gut, einen digitalen Raum zu haben, d.h., bei mehreren Paarungen entsprechende Gruppenräume oder andere Möglichkeiten zu nutzen.

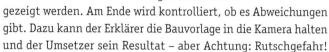

Erklärer besitzen die Bauskizze und Umsetzer die Tangram-Teile. Die Erklärer sollen so mit den Umsetzern kommunizieren, dass diese die Form auf der Vorlage bestmöglich nachbauen können. Die Vorlage darf nicht gezeigt werden. Am Ende wird kontrolliert, ob es Abweichungen gibt. Dazu kann der Erklärer die Bauvorlage in die Kamera halten und der Umsetzer sein Resultat – aber Achtung: Rutschgefahr!

Daher machen Sie auch gerne Fotos und teilen diese. Bei den Papiervarianten können die Teile am Ende mit einem Klebestift auf einem Blatt Papier fixiert werden, das einfach in die Kamera gehalten wird. Bei mehrfacher Anwendung und verschiedenen Durchgängen ist ein „removable" (wiederablösbarer) Klebestift sinnvoll. Dieser sollte dann vorab versandt werden, da die wenigsten TN vermutlich einen solchen vor Ort haben.

Besonderheiten/Anmerkungen

Anhand verschiedener Varianten lassen sich vielfältige Phänomene der Kommunikation beleuchten, verdeutlichen und explorieren sowie neues Kommunikationsverhalten ausprobieren und verstärken. Dabei kann es sowohl um die 1:1- als auch um 1:x-Kommunikation gehen. Wie das genaue Setting aussieht und welche Regeln die Durchführung begleiten, hängt von der Zielsetzung und der Kommunikations-Situation im Alltag ab, um die es im Seminar geht.

Varianten

Ohne Rückfragen: Nur der Erklärer spricht. Der oder die Umsetzer haben die Mikros stumm geschaltet.

Ohne jede Rückmeldung: Der Erklärer sieht und hört die Umsetzer nicht mehr, da deren Video und Audio ausgeschaltet sind.

Ja/Nein: Hier kehren sich die Rollen ein wenig um. Der Umsetzer darf Fragen stellen, während der Erklärer nur mit Ja/Nein antworten darf.

Individuell: Es gibt keine konkrete Vorlage, sondern der Erklärer darf sich eine persönliche Form ausdenken und diese vermitteln.

Co-Produktion: Es gibt keine konkrete Vorlage, sondern beide haben ein Tangram. Die Aufgabe ist, dass beide Tangram-Figuren am Ende deckungsgleich sind.

The winner takes it all

Mit Spielfreude die Aufmerksamkeit der TN während einer Lerneinheit aufrechterhalten

Evelyne Maaß & Karsten Ritschl

Organisation

Anzahl: 9-18 TN

Zeitbedarf: 25 Minuten

Material: Vorbereitete Präsentation zum Thema, virtuelle oder reale Preise

Vorbereitung:

– Lösungswort ausdenken. Dann die einzelnen Buchstaben auf die Lernpakete verteilen

– Dann die Hinweise zu den Buchstaben in die Präsentation einpflegen

Effekt

› Kooperation
› Interaktion
› Wiederholung
› Reflexion
› Konzentration auf die Inhalte

Anforderung an die digitale Plattform

› Digitale Kleingruppenräume für Austausch im Team
› Privater Chat an Moderator für die Mitteilung des Lösungswortes
› Umbenennungs-Funktion für die Teamidentität
› Galerieansicht für das Plenum
› On-off-Kamerafunktion
› Digitales Spotlight für die Siegerehrung

Spielbeschreibung und Ablauf

Die TN werden zu Beginn informiert, dass es neben dem inhaltlichen Gewinn auch eine Gewinn-Challenge gibt. In der Challenge können sie Buchstaben sammeln, die sie am Ende zu einem Lösungswort zusammenfügen sollen. Sie arbeiten als 3er-Teams zusammen und haben zu Beginn und am Ende die Möglichkeit, sich auszutauschen und zu kooperieren.

Alle 10 Minuten wird der Moderator einen Hinweis dazu geben, wie der nächste Buchstabe ermittelt werden kann. Am Ende hat die Gruppe hoffentlich alle Buchstaben beieinander, findet sich im digitalen Kleingruppenraum zusammen, teilt die Ergebnisse, um das Lösungswort zu ermitteln und als Team zu gewinnen. Das Ergebnis teilt die Gruppe im privaten Chat mit. Gewonnen haben alle, die dabei waren. Den Preis bekommen die, die das Lösungswort erkannt haben.

Anleitung: „Heute gibt es für dich etwas zu gewinnen. Nicht nur Erkenntnisse zum Thema Motivation (Beispielthema), sondern on top auch Preise für deine Konzentration und Aufmerksamkeit. Wie kannst du gewinnen? Die nächste Stunde habe ich in 5 Lernpäckchen aufgeteilt. In jedem Lernpäckchen kannst du Buchstaben für ein Lösungswort einsammeln. Wer am Ende das Lösungswort findet, hat gewonnen.

Du bist nicht allein, sondern hast ein Team von zwei weiteren Mitspielern. Zusammen könnt ihr am Anfang eine Strategie entwickeln und am Ende eure Erkenntnisse miteinander teilen."

Vor Runde 1: „In einem animierten Erklärfilm, den ihr gleich sehen werdet, ist eine kleine Katze versteckt. In der gezeigten Sequenz mit der Katze merkt euch den letzten Buchstaben der Überschrift. Diesen Buchstaben braucht ihr für die Lösung zweimal." (–> *Beispiel*: Überschrift: Motivation = zweimal Buchstabe „N")

Runde 2: „In der zweiten Runde kannst du einen Buchstaben gewinnen, wenn du genau zuhörst. Ich werde in den nächsten 10 Minuten den Satz sagen: ‚Ich mach euch mal ein Beispiel.' Wenn ihr den ersten Buchstaben des ersten Wortes nach dieser

Einleitung nehmt, habt ihr einen weiteren Buchstaben für das Lösungswort." (–> *Beispiel:* Sie sagen im Vortrag: „Ich mach euch mal ein Beispiel: Um das hier …" = Einmal der Buchstabe „U")

Runde 3: „In der PowerPoint-Vorführung sind diesmal Hinweise auf den nächsten Buchstaben als Symbol versteckt. Hier den ersten Buchstaben des Wortes zweimal für die Lösung nutzen. Täuschungsalarm: Es ist nicht das Wort, sondern die Assoziation dazu, die den Buchstaben liefert." (–> *Beispiel:* „Pokal" = Assoziation „Gewinnen" = zweimal Buchstabe „G")

Runde 4: „Achtet in dieser Runde darauf: Welches Wort nutze ich in den nächsten 10 Minuten besonders häufig? Nehmt hier den ersten Buchstaben." (–> *Beispiel:* Inspiration = einmal Buchstabe „I")

Runde 5: „Zum Abschluss habe ich eine bestimmte Anzahl an Tipps gegeben. Wie viel Tipps habe ich euch in der Zusammenfassung genannt? Schreibt die Zahl als Wort und der erste Buchstabe bringt euch dem Lösungswort näher." (–> *Beispiel:* 3 Tipps = Drei = einmal Buchstabe D)

„Nun habt ihr alle Informationen zusammen. Es sind insgesamt 7 Buchstaben. Ihr habt 7 Minuten Zeit, euch in den digitalen Kleingruppen auszutauschen und das Lösungswort zu erarbeiten. Kleiner Hinweis: Es hat selbstverständlich etwas mit dem heutigen Thema zu tun. Schreibt das Wort mit einer persönlichen Chatnachricht an mich, bevor ihr die Gruppenräume verlasst. Die Siegerehrung findet im Plenum statt."

Varianten

Das längste Wort: Falls die Gruppe das Lösungswort nicht findet, gewinnt das Team mit dem längsten Wort aus den ermittelten Buchstaben. Aus ihrem Buchstaben-Pool dürfen sie jeden Buchstaben nur einmal verwenden.

Ein Bild übersetzen: Man kann auch ein Bild einfügen oder einen Ausschnitt eines Bildes von einer Person oder eines Ortes. Die Aufgabe der Teams ist es, die Bedeutung des Bildes zu erraten, um einen Buchstaben zu gewinnen.

Die Kern-Botschaft gewinnen: Lösungssätze mit einzelnen Worten, die zu einer Kern-Botschaft werden, wie z.B.: „Gewinnen fängt an mit Beginnen."

Wer mehr Zeit in dieses Buchstaben-Versteckspiel investieren möchte, kann in die genutzten Erklärfilme wiedererkennbare Hinweise einpflegen. Wir haben z.B. in über 10 Erklärfilmen eine kleine Katze eingebaut, die wir für das Gewinnwort nutzen.

Die Lösung lautet in diesem Wortspiel „NUDGING" (ein Begriff aus der Verhaltenspsychologie).

Besonderheiten/Anmerkungen

› Um als Team zu gewinnen, muss jeder seine Konzentration mit einbringen. Es schärft Gewinnergeist und Spielfreude.
› Wir setzen dieses Format gerne in digitalen Workshops und Trainings ein, wo es umfangreiche Inhalte zu vermitteln gibt oder wo TN leicht durch andere Informationsquellen abgelenkt werden könnten.
› Das Spiel teilt Inhalte in kleinere Einheiten auf und fokussiert immer wieder durch die Gewinn-Challenge.
› Bei Gewinnspielen ist es wichtig, den Gewinn für alle zum Abschluss zu benennen. Achten Sie darauf, dass die Siegerehrung ein Teil des Spiels ist. Menschen, die sich viel Mühe gegeben haben, zu gewinnen, möchten auch mit dem Resultat ihrer Bemühungen gesehen werden. Aber bitte achten Sie darauf, dass auch die „Nichtgewinner" mit einem guten Gefühl aus dieser Übung gehen.

Den Link zu dem beispielhaften Erklärfilm finden Sie auf der Linkliste im **Download**.

78

Themenfeld-Herausforderungen

Kooperation auf einer gemeinsamen digitalen Pinnwand in vorgegebenen Schritten

Bernd Braun

Organisation

Anzahl: Ab 2 TN

Zeitbedarf: 30 Minuten bis 4 Wochen

Material: Keines

Vorbereitung: Eine digitale Pinnwand erstellen mit fünf einzelnen Listen/Spalten – mit folgenden Überschriften: Ist-Zustand, Ideal-Zustand, Hemmnisse, Lösungen, Parkplatz. Je nach Gruppengröße diese digitale Plattform mehrmals kopieren und mit einem Namen versehen, z.B. Gruppe A, Gruppe B etc.

 ### Effekt

› Kooperation
› Interaktion
› Feedback
› Themen und/oder Probleme bearbeiten

 ### Anforderung an die digitale Plattform

› Neben der Plattform für die Videokommunikation brauchen Sie das Tool einer digitalen Pinnwand

Spielbeschreibung und Ablauf

Das Spiel kann mit der gesamten Gruppe durchgeführt werden oder in Einzelgruppen in digitalen Kleingruppenräumen. Bei Einzelgruppen brauchen Sie für jede Gruppe eine eigene digitale Pinnwand. Im Plenum oder den jeweiligen Arbeitsgruppen werden dann die einzelnen Listen der digitalen Pinnwand durchgearbeitet.

In der ersten Liste/Spalte wird gemeinsam für den Ist-Zustand eine griffige Überschrift formuliert. In diese Liste/Spalte kommen die „Herausforderungen". Motivieren Sie die TN, nicht nur mit Text zu arbeiten, sondern auch Fotos, Videos und weitere Anhänge in die Liste/Spalte hochzuladen.

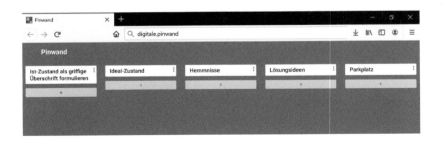

Danach wird in der nächsten Liste/Spalte der „Ideal-Zustand" beschrieben. Hier geht es jetzt um gemeinsames Brainstorming: Was wäre, wenn? In diese Liste können jetzt viele Aussagen eingetragen werden. Alles was einfällt, ist erlaubt. Am Ende kann bereits, ist jedoch kein Muss, eine erste Priorisierung der einzelnen Aussagen vorgenommen werden, indem diese zum Beispiel auf dem digitalen Board mit Bewertungssternen der TN versehen werden.

In der dritten Liste/Spalte geht es um die „Hemmnisse" auf dem Weg zum Ideal-Zustand. Das können äußere, aber auch innere Hindernisse sein. Auch hier ist alles erlaubt und es kann ebenfalls eine Priorisierung erfolgen.

Anhand der Listen „Ideal-Zustand" und „Hemmnisse" werden in der nächsten Liste mögliche Lösungen erarbeitet. Welche Lösungsideen gibt es bereits in der Gruppe, wie sind die einzelnen Schritte dorthin?

In der Liste „Parkplatz" kann alles notiert und hochgeladen werden, was in den anderen Spalten keine Zuordnung gefunden hat.

Besonderheiten/Anmerkungen

Alternativ zu einer digitalen Pinnwand, auf die alle TN Zugriff haben, lässt sich das Spiel auch mit Word realisieren. Ein TN oder Sie als Trainer/in teilen sichtbar das Dokument und notieren auf Zuruf der Gruppe die Beiträge. Dabei geht aber sehr viel an Dynamik verloren.

Schön ist, wenn Sie die Möglichkeit schaffen, dass alle TN gleichzeitig in die einzelnen Listen hineinschreiben und alle sofort sehen können, was andere geschrieben haben.

Die Besonderheit ist, dass, wie in einem normalen Gespräch, eine Tendenz besteht, auch nicht relevante Informationen, wie z.B. ein Foto des Gartens oder die bekannten süßen Katzenvideos etc., auf die digitale Pinnwand zu stellen. Was im ersten Moment kontraproduktiv aussieht, hat durchaus seine Berechtigung. Es findet ein digitaler Small Talk statt, der auflockernd wirkt. Ermuntern Sie dazu.

Varianten

› Das Spiel kann so durchgeführt werden, dass bei jedem Schritt in eine neue Liste die Ideen der Reihe nach laut ausgesprochen und von einer Person direkt in die digitale Pinnwand hineingeschrieben werden.

› Alle TN melden sich anonym bzw. mit einem Künstlernamen an. Niemand verrät, wer man ist. Erst am Ende des Spieles gibt jeder seinen Künstlernamen preis.

Wenn die digitale Pinnwand unabhängig von der Meeting-Plattform ist, kann auch über einen längeren Zeitraum an den Listen gearbeitet werden. Es können auch noch Tage oder Wochen später Änderungen vorgenommen werden, wenn sich z.B. alle TN zur zweiten Sitzung treffen.

Internetquellen für digitale Pinnwände finden Sie auf der Linkliste im **Download**.

79

Tierische Teamscharade

Teamidentität fördern durch kreative Zusammenarbeit

Hendrik Franke & Erich Ziegler

Organisation

Anzahl: 5-20 TN

Zeitbedarf: 15-30 Minuten, mit Reflexion 45 Minuten

Material: Keines

Vorbereitung:

– 1 Zoo-Bild voller Tiere
– Präsentationsdokument (ggf. mit einem Tier-Titel wie „Wo steppt hier der Bär?")

Effekt

› Kooperation
› Interaktion
› Reflexion (Variante)
› Kooperative und kreative Zusammenarbeit
› Teamidentität verbalisieren und durch die gemeinsame Erarbeitung schärfen

Anforderung an die digitale Plattform

› Digitales Whiteboard

Spielbeschreibung und Ablauf

Los geht es mit der Begrüßung. Sie können zur Einstimmung eine Redewendung mit Tieren verwenden, z.B.: „Ich muss mal fleißig wie die Biene sein – wer kennt dieses Sprichwort nicht? Die nächste halbe Stunde werden wir uns mit Tieren und ihren Eigenschaften beschäftigen. Auch wenn der eine oder andere jetzt denkt, ‚damit kriegt man keinen Hund hinter dem Ofen hervorgelockt' – die Übung hat es in sich!"

Aufgabenstellung: Alle werden aufgefordert, sich ein Tier auszudenken. Hierbei ist es egal, ob sich die TN bereits kennen oder nicht. „Sucht euch bitte ein Tier aus, das euch spontan in den Sinn kommt und überlegt bitte, was dieses Tier mit der Gruppe zu tun haben könnte."

Jetzt starten Sie das digitale Whiteboard. Gerne können Sie ein Bild vom Zoo und den Titel der Vorbereitung ergänzen.

Um das Spiel zu starten, beginnen Sie. Zeichnen Sie ein Tier auf das digitale Whiteboard. **Tipp:** Je einfacher es gezeichnet wurde, umso leichter fällt es den anderen, später selber aktiv zu werden.

„Jetzt kommt die tierische Teamscharade. Ihr dürft anfangen zu raten, welches Tier ich gerade zeichne. Wer es zuerst errät, darf den nächsten Zeichner auswählen!"

Varianten

Als Variante können Sie Ihr Kunstwerk gemeinsam reflektieren. Anbei ein paar Anregungen für Fragen:

> „Wo seht ihr hier Gemeinsamkeiten und wo Unterschiede?"

> „Wenn ihr das Kunstwerk betrachtet, was fällt euch auf?"

> „Was möchtet ihr für euch als Team festhalten?"

> „Mit welchen 3-5 Eigenschaften könntet ihr euer Team jetzt beschreiben?"

Variante von Erich Ziegler:
Wenn Sie das tierische Zeichnen als reine Auflockerung nutzen möchten, hier eine Variante: Das „Kommentier-Tier" (ein A-Spiel). Sie leiten die Auflockerung ein mit: „Einer von euch erhält gleich von mir über den Privatchat eine Nachricht. Und zwar den Namen eines Tieres. Derjenige malt das Tier auf das freigegebene Whiteboard. So gut es eben geht mit der Computermaus."

Nachdem der TN die tierische Info erhalten hat, legt er los. Die anderen versuchen, herauszufinden, um welches Tier es sich handelt. Wer es herausfindet, macht ein entsprechendes Tiergeräusch und kann anschließend einer/m weiteren TN ein Tier in den Privatchat schreiben. Anstelle von Geräuschen, kann das Tier auch in den allgemeinen Chat geschrieben oder einfach laut gerufen werden.

Bevor der nächste Zeichner zu malen beginnt, bitten Sie ihn, zunächst zu erklären, weshalb er sein Tier ausgewählt hat und was es mit der Gruppe zu tun haben könnte. Natürlich darf er dabei den Tiernamen noch nicht nennen. Gerne können Sie hier die anderen in die Reflexion der Bedeutung integrieren und die Eigenschaften dokumentieren, falls Sie später mit der Variante weiterarbeiten möchten.

Jetzt geht es reihum, bis eine Person übrig ist. Bitte sprechen Sie diese Person an, dass sie jetzt an der Reihe ist. **Tipp:** Notieren Sie zwischendurch einfach die TN, die schon gezeichnet haben, um den Überblick zu behalten.

Zum Abschluss: „Wow, jetzt haben wir einen wunderschönen, kreativen Picasso-Zoo." Bedanken Sie sich bei Ihren Künstlern, z.B. mit: „Wow, das nenne ich mal ein tierisches Team! Vielen Dank für dieses kreative Geschenk an euch!"

Vergessen Sie nicht, die Kunstwerke für das Protokoll abzuspeichern!

Besonderheiten/Anmerkungen

Das Ergebnis kann wunderbar in die Leitbildentwicklung für die Zusammenarbeit oder für ein gemeinsames Ziel verwendet werden, also eine Antwort auf Fragen bieten, wie: „Wofür stehen wir?", „Was macht uns aus?", „Was bieten wir unseren Kunden?", „Was ist unsere Superkraft?"

Virtueller Gallery-Walk

Verstärkung des Lerneffekts durch selbstständiges Erarbeiten von Inhalten

Wilma Hartenfels

Organisation

Anzahl: 6-16 TN in Kleingruppen von 2-4 TN

Zeitbedarf: 20-30 Min. für die Kleingruppen-arbeit, plus jeweils 5 Min. Teachback, plus 5 Minuten Frage & Antwort pro Gruppe, d.h. bei 12 TN und 4 Kleingruppen 60-70 Min. total

Material:

– 5-minütige Audio- oder Video-Aufzeich-nungen zu vier verschiedenen Themenfeldern
– Digitales Whiteboard mit Bildergalerie und Links zu Audios/Videos

Vorbereitung: Audio-/Videoaufzeichnungen vom Seminarthema

Effekt

› Kooperation
› Interaktion
› Themenbearbeitung und Themenvermittlung

Anforderung an die digitale Plattform

› Digitale Kleingruppenräume
› Bildschirm-Freigabe
› Chat
› Audio-/Video-Freigabe
› Zusätzlich eine gemeinsame digitale Pinnwand, auf der Text, Bilder, Audios und Videos für die TN zugänglich abgelegt werden können

Gert Schilling (Hrsg.): 80 Spiele fürs Live-Online-Training

Spielbeschreibung und Ablauf

Bei dieser Übung dürfen Sie etwas Vorarbeit leisten. Dafür haben Sie es im Seminar selbst einfacher und die TN werden aktiv. Bereiten Sie vier 5-minütige Audio- oder Video-Aufzeichnungen vor. Darin erklären Sie unterschiedliche kurze, nicht zu komplexe Seminarinhalte. Idealerweise hängen diese Inhalte inhaltlich zusammen. Beispiel: In einem Training über Kommunikation geht es um das Vier-Ohren-Modell von Schulz von Thun. Sie nehmen sich in jedem Audio/Video ein „Ohr" bzw. eine Ebene vor, beschreiben diese, geben Beispiele und stellen Reflexionsfragen an die TN.

Sie haben außerdem eine digitale Pinnwand vorbereitet. Diese ist in vier Sektionen/Spalten (Thema 1-4) aufgeteilt. In jeder Sektion befindet sich ein repräsentatives Bild und der Link zum Audio oder Video sowie die schriftlichen Reflexionsfragen.

Jetzt starten Sie mit einer kleinen Einführung in das Thema (Beispiel: Vier-Ohren-Modell von Schulz von Thun). Sie briefen die TN, dass gleich eine Kleingruppenarbeit zu den verschiedenen Ebenen der Kommunikation startet und zeigen ihnen die digitale Pinnwand mit den Funktionalitäten. Den Link zur Pinnwand geben Sie in den Chat. An dieser Stelle erwähnen Sie die Dauer der Kleingruppensession und den Ablauf:

„Ihr werdet gleich in Kleingruppen von 2-4 Teilnehmern unterteilt. Ziel ist, dass jede Kleingruppe sich eine Ebene der Kommunikation selbstständig erarbeitet und die Erkenntnisse dann später mit der gesamten Gruppe teilt. Öffnet bitte den Link zum digitalen Whiteboard, den ihr im Chat findet. Kommt in den Kleingruppen an und sucht auf der Pinnwand den Bereich, der eurer Gruppe zugeordnet wurde. Startet dann gleichzeitig – jeder für sich – das Video/Audio. Alternativ könnt Ihr dieses auch über die Bildschirm-Freigabe teilen und gemeinsam anhören/ansehen (falls das virtuelle Trainingstool das zulässt). Bitte

macht euch Notizen. Die genauen Briefing-Fragen sind im Audio/Video am Anfang und am Ende enthalten (z.B.: ‚Was bedeutet die euch zugewiesene Ebene, welche Beispiele könnt ihr dafür entwickeln? Welche Missverständnisse treten auf?'). Kommt danach wieder zusammen, verteilt die Rollen („Wer hält die Zeit im Blick? Wer präsentiert im Teachback? Wer macht Notizen?") – und startet dann in die Diskussion."

Die TN teilen sich in 2er- bis 4er-Gruppen ein und starten die Kleingruppenphase. Wenn es das virtuelle Trainingstool zulässt, können Sie von Gruppe zu Gruppe springen, um die Diskussion zu unterstützen.

Nach 20 bis 30 Minuten kommen alle wieder zusammen. Jede Gruppe bekommt 5 Minuten, um die Informationen zur Vier-Ohren-Ebene in eigenen Worten wiederzugeben, mit eigenen Beispielen, Erfahrungen etc. anzureichern. Sie teilt über die Bildschirm-Freigabe ihren Teil der digitalen Pinnwand mit den Notizen, die während der Kleingruppenphase erstellt wurden. Danach können die anderen TN 5 Minuten Fragen stellen. Sie moderieren die Diskussion und geben an geeigneter Stelle zusätzliche Informationen.

Besonderheiten/Anmerkungen

Die TN erarbeiten sich ein Thema selbstgesteuert und bringen die Inhalte dann den anderen in einem Teachback bei. Dadurch wird der Lerneffekt verstärkt. Sie sind in der Rolle des Moderators.

Es ist wichtig, die digitale Pinnwand als zusätzliches Tool gut einzuführen, sodass sich alle damit wohlfühlen. Außerdem sollten die Audios/Videos nicht viel länger als 5 Minuten dauern.

Danke schön

Mein Dank gilt den Autorinnen und Autoren, die ihre Kompetenz und Erfahrung im digitalen Raum weitergeben und dieses Buch erst möglich gemacht haben. In den Fotosessions hatten wir bereits unseren Spaß beim gemeinsamen Spielen. Auf dem ein oder anderen Bild zu den Spielbeschreibungen haben Sie vielleicht einige von ihnen bereits entdeckt. Auf den folgenden Seiten stellen sie sich Ihnen kurz vor.

An dieser Stelle auch ganz herzlichen Dank an das Team von managerSeminare für die freundliche und sachkundige Unterstützung und Zusammenarbeit.

Die Autorinnen und Autoren

Der Herausgeber

Gert Schilling

Die Seminare von Dipl. Ing. Dipl. Päd. Gert Schilling zeichnen sich durch Lebendigkeit und Anwendbarkeit der Inhalte aus. Zu seinen Spezialthemen schrieb er zahlreiche Leitfäden. Im Schilling Verlag finden Sie praxisnahe Literatur für die beruflichen Weiterbildung. Seit 2009 veranstaltet und leitet Gert Schilling den Trainer|Kongress|Berlin. Eine Netzwerk- und Fortbildungsmöglichkeit für Trainerinnen, Trainer, Coaches und Weiterbildner. Sowohl online als auch präsent vor Ort.

Gert Schilling
Schilling Seminare
Schilling Verlag
Dieffenbachstraße 27
10967 Berlin
Tel.: 030 - 69041846
mail@gert-schilling.de
www.gert-schilling.de
www.schilling-verlag.de
www.trainer-kongress-berlin.de

Die Autorinnen und Autoren der Spiele

Sandra Bach

Geschäftsführerin des Kreativunternehmens „sandruschka. Raum für Gestaltung". Sie arbeitet als Zeichnerin, Illustratorin, Art-Direktorin und Workshopleiterin für Unternehmen, Stiftungen und NGOs. Sie ist zertifizierte Online- und Businesstrainerin sowie Moderatorin für Change- und Innovationsstrategien. Visualisierung ist ihr Herzensthema – maßgeschneiderte Kundenprojekte und wegweisende Kommunikationskonzepte sind ihr Anspruch! Aus einem ständig wachsenden Repertoire heraus entwickelt Sandra Bach mit ihrem Team Lehrformate und Konzepte und fühlt sich sowohl in der digitalen als auch in der analogen Welt zuhause.

Sandra Bach
sandruschka. Raum für Gestaltung
Goetheplatz 9b
99423 Weimar
Tel.: 03643 - 4434849
mail@sandruschka.de
www.sandruschka.de

Betty Boden

„Entwicklung braucht Freiheit im Kopf, Leidenschaft im Herzen und Kraft im Körper."
Betty Boden begleitet Führungskräfte und Teamprozesse auf Englisch und Deutsch, virtuell und persönlich. Sie setzt Wachstumsprozesse in Gang und schafft mit ihrer natürlichen, zugewandten und inspirierenden Art, mit Intuition und Humor die Bedingungen, die dauerhafte Entwicklungen ermöglichen. Sie schöpft aus 30 Jahren Berufserfahrung, ist u. a. Mastertrainerin für Team Management Systems (nach Margerison-McCann) und ist zertifiziert in prozessorientiertem Coaching.
Sie ist Koautorin von zwei Büchern zu aktivierenden (Lern-)Methoden.

Betty Boden
Coaching • Prozessbegleitung
• Training
Feurigstraße 51
10827 Berlin
Tel.: 030 - 6820508
betty@bettyboden.de
www.bettyboden.de

Bernd Braun

Bernd Braun ist Geschäftsführer des Beratungs- und Weiterbildungsunternehmens Braun.Social. Seine Kernthemen sind die digitale Etikette, der interaktive digitale Verkauf und die digitale Kompetenz von Unternehmern. Sein persönliches Anliegen ist, neben den Aufbau der digitalen Kompetenzen im Unternehmen auch deren Verknüpfung mit der digitalen Etikette gegenüber Kunden, Partnern und Kollegen. Seit 2004 ist er digital unterwegs und lebt seine Mobilität, Innovation und Agilität im digitalen Raum aus. Bis heute hat er bereits über 2.800 Apps für Unternehmen erfolgreich getestet und bewertet.

Bernd Braun
Braun.Social
Digitale Etikette &
Competence
Weil Anstand Erfolg bringt!
Dammstraße 14A
55459 Grolsheim
Tel.: 0163 - 2478767
bernd@braun.social

Fabian Brüggemann

Als Experte für Softskills und Teams sorgt Fabian Brüggemann dafür, dass sich Teams und Mitarbeitende spielend und nachhaltig weiterentwickeln. Er gibt (Online-)Seminare für Firmen, Universitäten wie bspw. die University of Cambridge, ist TEDx-Speakercoach und inspiriert Menschen mit der positiven Einstellung des Improvisationstheaters. Sein Fokus liegt dabei insbesondere darauf, mit viel Wertschätzung einen geschützten Rahmen zu schaffen, in dem die Teilnehmenden gerne aktiv werden.

Fabian Brüggemann
improve yourself training
De-Vries-Str. 16
50733 Köln
Tel.: 0176 - 21644451
mail@improveyourself-training.de
www.improveyourself-training.de

Sandra Dirks

Sandra bloggt über Flipcharts, Facilitation & Zubehör, um Ideen zu liefern, für Workshops, Coaching & Alltag. Autorin mehrer Fachbücher. Vor mehr als 20 Jahren hat sie als Personalentwicklerin begonnen, seit 2005 ist sie als Trainerin selbstständig und hat seitdem viele Wissensvermittler aus großen und kleinen Unternehmen zum aktiven und humorvollen Lehren inspiriert. Am liebsten testet sie die Grenzen virtueller Räume aus und inspiriert Menschen, den virtuellen Raum ebenso als Spielwiese zu sehen, wie den Trainingsraum da draußen.

Sandra Dirks
Autorin - Bloggerin - Trainerin
Max-Osterloh-Platz 5
38102 Braunschweig
Tel: 0531 - 7014115
Mobil: 0172 - 9979402
post@sandra-dirks.de
www.sandra-dirks.de

Janine Domnick

Janine Domnick ist freiberufliche Trainerin und Moderatorin, die Unternehmen und Einzelpersonen hilft sich sowohl persönlich als auch im Team weiterzuentwickeln. Neben deutschlandweiten Trainings teilt sie in Artikeln oder in Workshops gerne ihr Wissen zu den Bereichen Train the Trainer, Resilienz und Teambuilding. Dabei legt sie besonders großen Wert auf einen wertschätzenden Austausch, viel Verständnis und eine gute Portion Humor.

Janine Domnick
Trainerin | Moderatorin |
Resilienz-Coach
Straße der Pariser
Kommune 17
10243 Berlin
Tel.: 030 - 28032695
mail@janine-domnick.de
www.janine-domnick.de

Oliver Ferreau

Oliver Ferreau ist Trainer und Berater für professionelles Projektmanagement. Sein Claim ist „Ich mache Projektmanager*innen". Seit 1997 leitet er Beratungsprojekte, ist zertifizierter Senior-Projektmanager und trainiert seit 2008 Projektmanagement auf allen IPMA-Levels. Er wurde mehrfach von der Deutschen Gesellschaft für Projektmanagement als Benchmark-Trainer ausgezeichnet. Seine Präsenz- und digitalen Trainings gestaltet er konsequent erfahrungsorientiert und interaktiv. Spiele gehören dazu – zur Auflockerung und vor allem zur erfahrungsbasierten Wissensvermittlung. Sein Know-how gibt er auch in Trainerausbildungen weiter.

Oliver Ferreau
Rüsselsheimer Straße 1.b
65468 Trebur
Tel.: 0176 - 10022658
kontakt@oliverferreau.de
www.oliverferreau.de

Friederike Fitzel

Friederike Fitzel hat Betriebswirtschaft studiert und einen M.A. in Kommunikations-psychologie abgeschlossen. Sie ist zertifizierter Coach und Trainerin sowie IHK geprüfte Ausbilderin. Ihre Vision ist es, die (Arbeits-)Welt zu verbessern. Dazu ist sie selbst als Trainerin unterwegs und unterstützt andere Trainer*innen dabei, nach-haltiges Lernen mit Freude zu ermöglichen. Ihre eigenen Trainingsschwerpunkte sind Veränderung und Führung, sowie die in alles hineinreichende Komponente Kommuni-kation. Im letzten Jahr erschien ihr Buch „Abenteuer Wandel".

Friederike Fitzel
Trainerin für Change
und Führung
Berlin
mail@friederike-fitzel.de
www.friederike-fitzel.de

Hendrik Franke

Hendrik Franke bietet Ihnen praxisnahe und situative Lösungen für Change Manage-ment, Coaching und Persönlichkeitsentwicklung für mittlere Unternehmen. In indi-vidualisierten Formaten begleitet er Einzelpersonen, Teams und Führungskräfte in ihrer Organisation dabei, ihre Potentiale nachhaltig zu stärken. Online, Offline sowie im Hybrid-Format. Hendrik Franke ist Diplom-Ingenieur, freiberuflicher Coach & Trai-ner sowie Organisationsberater für Change Management in der Automobilindustrie.

Dipl.-Ing. Hendrik Franke
franke | Persönlichkeits- und
Organisationsentwicklung
Marienstraße 12
38102 Braunschweig
Tel.: 0176 - 20972063
info@hendrik-franke.de
www.hendrik-franke.de

Michael Fuchs

„Erzähle es mir – und ich werde es vergessen. Zeige es mir – und ich werde mich erinnern. Lass es mich tun – und ich werde es behalten". Dieses chinesische Sprich-wort bringt es auf den Punkt. Inter-Aktives mit Herz, Hand und Verstand – so bietet Michael Fuchs seinen Teilnehmern in Seminaren die Möglichkeit, erfahrungsorientiert zu lernen. Ob mit einem Jonglierball, Life Kinetik®, Lego-Bausteinen, Pfeil und Bo-gen... Eine lebhafte Abwechslung bei Themen rund um die Gesundheit, Teamwork, Werte, achtsames Miteinander sind somit garantiert.

Michael Fuchs
Firma Foxolution / Fuchs und
Stier
Stöppacher Strasse 13
91247 Vorra
Tel.: 0172 - 8637391
michael.fuchs@foxolution.de
www.foxolution.de
www.fuchs-und-stier.de

Ina Glüsing

Beraterin der Positiven Psychologie, zertifizierter Coach, Trainerin und Facilitatorin. Seit 14 Jahren ist sie branchenübergreifend in internationalen Wirtschaftsunternehmen und sozialen Organisationen tätig – zu Beginn als Strategin und Projektleiterin, heute als Personalentwicklerin oder externe Begleiterin mit Schwerpunkt Führungskräfteentwicklung. Sinnhaftigkeit und eine Haltung der Stärkenorientierung ziehen sich als roter Faden durch ihre Arbeit. Mit ihrem breiten Methodenwissen, viel Empathie und nicht zuletzt ihrer unkomplizierten, zupackenden Art hilft Sie Menschen, in ihren Teams, ihren Organisationen und in der Gesellschaft positiv zu wirken.

Ina Glüsing
Forster Straße 55
10999 Berlin
ina.gluesing@positive-changes.de

Ulrike Götz

Selbstständige Trainingsdesignerin, Trainerin, Coach und Buchautorin für Online-, Blended-Learning- und Präsenzformate. Mittlerweile verfügt sie über eine 20-jährige Erfahrung mit digitalem Lernen. Dazu kommt ihre Erfahrung in Kommunikation, Vertrieb, Führungskräfte- und Teamcoaching (systemisches Businesscoaching). Ihre Steckenpferde sind Ausbildungen zu Online-Kompetenzen für Trainer und alle, die beruflich hierzu noch mehr Sicherheit gewinnen möchten. Das was Ulrike Götz an Andere weitergibt, das lebt sie selbst mit Begeisterung. Dazu kommt ihr Spaß an Kreativität, insbesondere bei der Methodenentwicklung für ihre Trainings.

Ulrike Götz
Ziegelweg 12
86453 Dasing
Tel.: 0170 - 4196116
info@ulrikegoetz-training.de
ausbildung.ulrikegoetz-training.de

Katrin Hansmeier

Katrin Hansmeier ist Rednerin, Diplom-Schauspielerin und seit vielen Jahren Humorexpertin am Deutschen Institut für Humor©. Gemeinsam mit Eva Ullmann entwickelt sie seit 2007 humorvolle Trainings- und Rednerformate. Sie ist Autorin des Buches Humor: „Das Manifest für verzögerte Schlagfertigkeit." Katrin Hansmeier hat in zahlreichen Theater-, Film- und TV-Produktionen mitgewirkt u.a. von 2012-2014 im Berliner Tatort. Sie steht mit Ihrer Comedy Figur „Cloe", einer Berliner Bademeisterin, auf den verschiedensten Bühnen.

Katrin Hansmeier
Humorinstitut
Feuerbachstraße 26
04105 Leipzig
Tel.: 0341 - 4811848
info@humorinstitut.de
www.humorinstitut.de

Wilma Hartenfels

Wilma Hartenfels ist leidenschaftliche Gestalterin einer neuen Welt des Lernens. Einer Welt, in der innovative digitale Technologien eingesetzt werden, ohne den Fokus auf den Menschen zu verlieren. Sie berät mit ihrem Unternehmen ‚inspired learning in a digital world' Personalentwickler, Trainer, Coaches und Trainingsinstitute dabei, wirksame Blended Learning Konzepte und innovative digitale Lernformate zu gestalten. Dabei geht es ihr vor allem darum, Menschen die Angst vor neuen Technologien zu nehmen und sie zu animieren, mit Spaß einfach ins Tun zu kommen. Mit ihrem Podcast und ihrem Blog ‚Learning Tipps' möchte sie Inspiration in die Welt bringen.

Wilma Hartenfels
Inspired learning in a
Digital World
Christianstr. 18-22
50825 Köln
Tel.: 0177 - 8664567
inspiration@
wilmahartenfels.com
www.wilmahartenfels.com

Anne Hoffmann

Anne Hoffmann erweckt Digitalisierung und agiles Arbeiten zum Leben, indem sie spielerisch manchmal auch ernsthaft in verschiedenen Rollen innerhalb und außerhalb von Organisationen unterwegs ist. Als erfahrene Führungskraft und zertifizierte Senior-Projektleiterin (IPMA® Level B) weiß sie sehr gut, wie aus Schlagworten dieser Tage konkretes (neues) Arbeiten wird. Anne Hoffmann lebt Veränderung und ist überzeugt, dass diese leicht und einfach erreichbar ist. Eine spielerische Herangehensweise kann diesen Weg sinnvoll unterstützen. Im Rahmen ihrer Dissertation hat sie eine Workshopmethode entwickelt, die sich den zwischenmenschlichen Themen im Projektumfeld in spielerischer und auf reflektierte Art und Weise widmet.

Anne Hoffmann
Nürnberg
Tel.: 0172 - 2755828
autorin@anne-hoffmann.com
anne-hoffmann.com

Julian Kea

Julian Kea ist Serious Games Facilitator und Team Coach. Er schafft mit praxisnahen Workshop-Methoden aktivierende Lernumgebungen! Diese ermöglichen Teams einen authentischen Austausch, fördern das gegenseitige Verständnis und stärken die Zusammenarbeit. Er liebt Training from the BACK of the Room, Agile Classrooms, Thiagi's interaktive Trainingsstrategien, Open Space Technology und LEGO® SERIOUS PLAY®, um nur einige zu nennen.
Sein Mantra lautet: „Rediscover Learning. Work Smarter."

Julian Kea
[ki:]Learning
Berlin
Tel: 030 - 20237260
frage@kiLearning.net
http://kiLearning.net

Zamyat M. Klein

Zamyat M. Klein, ist Diplom-Pädagogin und arbeitet seit 1980 als Trainerin, seit 1991 als freiberufliche Trainerin, Coach und Autorin von über 20 Büchern.
Ihre Schwerpunkte sind Kreativitätstechniken zur Ideenfindung und Train the Trainer. Sie hat zahlreiche Zusatzausbildungen in Gestalt- und Pädagogischer Psychotherapie, Yoga sowie NLP absolviert und ist zudem Ausbildungstrainerin für Suggestopädie. Seit 2006 führt sie Online-Seminare durch, vor allem Online-Trainer-Ausbildungen in ihrer OAZE – Online-Akademie.

Zamyat M. Klein
ZamyatSeminare
Kollenbacher Str. 29 A
51515 Kürten
Tel.: 02207 - 8497814
info@zamyat-seminare.de
www.oaze-online-akademie.de

Heidrun Künzel

Selbstständige Trainerin und Coach. Ausbildung und Erfahrung unter anderem in verschiedenen Methoden der humanistischen Psychologie, Suggestopädie & Entspannungspädagogik; arbeitet als Trainerin im Bereich Kommunikation, Konfliktmanagement und Visualisierung.
Autorin des Buches „Sketchnotes im Alltag" (mitp Verlag).

Heidrun Künzel
Friemersheimer Str. 11a
47229 Duisburg
Tel.: 0163 - 3763935
heidrun@froezel.de

Melanie Künzl

Als Expertin für Kommunikation und Körpersprache beschäftigt sich Melanie Künzl seit vielen Jahren mit dem Thema „Haltung mit Wirkung". In ihren facettenreichen Rollen als Trainerin, Hochschuldozentin und TEDx-Speakercoach begleitet sie Menschen bei der Entwicklung eines wirkungs- und glanzvollen Auftritts. Dabei liegt ihr Fokus immer auf Interaktivität – analog wie digital! Mit ihrer Lebendigkeit schafft sie eine Atmosphäre, in der Menschen den Mut finden, sich auf Neues einzulassen und die eigenen Grenzen ein Stück zu weiten.

Melanie Künzl
GLANZWERKSTATT – Trainings
für wirkungsvolles Auftreten
Alfred-Bucherer-Straße 57
53115 Bonn
Tel.: 0176 - 82171624
melanie.kuenzl@die-glanz-werkstatt.de
www.die-glanzwerkstatt.de

Anna Langheiter

Anna Langheiter ist Expertin für kreatives Trainingsdesign für lebendige und nachhaltige Lernprozesse – für Präsenztrainings, digitale Trainings und im Bereich Blended-Learning. Sie designt passgenaue Trainings für kurze und lange Lerneinheiten, für kleine und große Gruppen, trainiert selbst und designt für andere Trainer. Die Wahl-Wienerin bietet außerdem eine Weiterbildung zum Trainingsdesigner und eine Ausbildung zum Trainer an. Sie ist Gold-Preisträgerin des BDVT 2017/18 und Autorin des Buches „Trainingsdesign".

Anna Langheiter
design.train.mastery
Redtenbachergasse 6/6a
A-1160 Wien
al@annalangheiter.com
www.annalangheiter.com

Evelyne Maaß

Evelyne Maaß ist ein Teil des Berliner Spectrum-Trainer-Teams.
Sie lehrt aus der Praxis für die Praxis und setzt sich ein für lustvolles Lernen – auch Online. Bereits 2014 begann das Berliner Ausbildungsinstitut seine Weiterbildungen als kombinierte Präsenz-/Online-Veranstaltungen anzubieten. Ihre Online-Akademie startete mit einer fulminanten 6-stündigen Online-Party. Motto: „Lernen kann und soll Spaß machen" Das ist die Herausforderung für Evelyne, die sie auch im virtuellen Raum gerne beweist. Sie ist Autorin zahlreicher Schatzbücher für Trainer, Coaches und Teamentwickler.

Evelyne Maaß
Spectrum Kommunikations-Training
Varziner Str.4
12159 Berlin
Tel.: 030 - 8524341
www.nlp-spectrum.de
info@spectrum-seminare.de

Hanne Philipp

Die Mission von Hanne Philipp seit rund 20 Jahren: Chancen und Herausforderungen in der Arbeitswelt frühzeitig zu erkennen und effektive Lösungen für Menschen und Organisation zu finden. Gemeinsam mit ihrem Team Carpe verba! setzt sie ganzheitlich an bei Mindset, Kompetenzen und Methoden, einer transformationsfähigen Kultur und passenden Strukturen. Sie ist u.a. zertifizierter Innovationscoach und Remote Innovation Facilitator. Ihr Herz schlägt für hoch innovative Designs und wirkungsfokussierte Ansätze in den Themenfeldern New Work, Agilität, Führung, Pyramidale Kommunikation und Resilienz.

Hanne Philipp
Carpe verba! GmbH & Co. KG
Bruderwöhrdstr. 15b
93055 Regensburg
Tel.: 0941 - 46371610
philipp@carpe-verba.de
www.carpe-verba.de

Steffen Powoden

Steffen Powoden ist ein kreativer Kopf. Er gilt als absoluter Experte für die Themen Lernen und Veränderung. Der Ökonom und Management-Trainer verbindet seit Jahren die Belange der Business-Welt mit spielerischen und wirkungsvollen Methoden – ob live, online oder hybrid. Mit seiner EOL academy – Elements Of Learning unterstützt er Weiterbildungsprofis und Unternehmen auf der Suche nach lebendigen passgenauen Lernformaten und allem, was das Lernen leichter, schöner und energievoller werden lässt. Emotion, Erfahrung und Reflexion sind für den Lerndesigner zentrale Bausteine des (Lern-)Erfolgs. Seine Leidenschaft gehört dem Visualisieren und seiner derzeitigen Lieblingsmethode, dem LEGO® Serious Play®.

Steffen Powoden
EOL academy –
Elements Of Learning
Steigstraße 72
72644 Oberboihingen
Tel.: 07022 - 3084520
Mobil: 0177 - 78 58 293
steffen.powoden@
eol.academy
www.elements-of-learning.de

Andrea Rawanschad

Selbständige Facilitatorin, Mediatorin und Trainerin sowie begeisterte Online-Gastgeberin (Hosting/Tech-Hosting). Ausbildungen und Erfahrungen in den Bereichen Arbeitsrecht, Verhandlung, Mediation, Kommunikation, Visualisierung und Organisationsentwicklung. Begleitung und Beratung zu Zusammenarbeit auf Augenhöhe, Veränderung im Arbeitsleben und Selbstführung. Inhaberin der Kanzlei waagerecht und Gründerin von LIKE PAPER Andrea Rawanschad. Assoziierte Partnerin von bikablo und den Kommunikationslotsen.

Andrea Rawanschad
Stephanstr. 56
52064 Aachen
Tel.: 0241 - 5802721
andrea@rawanschad.de
www.rawanschad.de

Karsten Ritschl

Karsten Ritschl inspiriert seit über 25 Jahren Menschen, die Menschen bewegen wollen. Er ist ein Teil des Berliner Spectrum-Trainer-Teams.
Bereits 2014 begann das Berliner Ausbildungsinstitut von Florida aus seine Weiterbildungen in der Winterzeit als Online-Veranstaltungen anzubieten.
Sein Motto ist: „Lernen kann und soll Spaß machen" – auch in Abteilungs- und Teamentwicklungen. Was ihm in Präsenz spielend gelingt, passt er jetzt für den virtuellen Raum an – interaktiv, lebendig, inspirierend.
Er ist Autor zahlreicher Schatzbücher für Trainer, Coachs und Teamentwickler.

Karsten Ritschl
Spectrum
KommunikationsTraining
Varziner Str.4
12159 Berlin
Tel.: 030 - 8524341
info@spectrum-seminare.de
www.nlp-spectrum.de

Thomas Sajdak

Thomas Sajdak, ist Top100 Trainer und Inhaber von SAJDAKTRAINING und der Experte, wenn es um nachhaltige Verhaltensänderungen in Führung und Vertrieb geht. Sein Claim, „Bleib so, wie Du sein kannst!", unterstreicht seinen humoristisch und humanistisch geprägten Ansatz und ist gleichzeitig ein Appell für lebenslanges Lernen.

Thomas Sajdak
Koblenzer Str. 2
10715 Berlin
Tel.: 030 - 42017741
Thomas.Sajdak@
sajdaktraining.de
www.sajdaktraining.de

Claudia Simmerl

Claudia Simmerl begeistert und bewegt Menschen seit 1998 im Bereich der Weiterbildung. Sie ist Diplom-Pädagogin Univ., mit dem Schwerpunkt Methodik und Didaktik in der Erwachsenenbildung, Lehrtrainerin nach DVNLP, GNLC, wingwave und Quattro-Coaching, ausgebildete Mediatorin, offizieller Mental-Coach-Partner des HSC 2000 Coburg (1. Handball-Bundesliga) und Geschäftsführerin von Kommunikationstraining Simmerl GbR. Die professionelle Weiterbildung von Coaches und Trainern sowie die Persönlichkeitsentwicklung liegen ihr besonders am Herzen.

Claudia Simmerl
Kommunikationstraining
Simmerl GbR
Vandaliastr. 7
96215 Lichtenfels
Tel.: 09571 - 4333
Mobil.: 0172 - 9703361
claudia@simmerl.de
www.simmerl.de

Claudia Simsek-Graf

Claudia Simsek-Graf hat Technische Informatik studiert und arbeitet seit mehr als 20 Jahren in IT-Projekten. Schwerpunkte sind hierbei das Testmanagement, die Verbesserung von Software-Entwicklungsprozessen und das Projektmanagement. Durch ihre früheren Aufgaben als Team- und Abteilungsleiterin kennt Sie die Herausforderung im Umgang mit den menschlichen Faktoren aus eigener Erfahrung. Neben der Projektmanagementausbildung ist sie Wirtschaftsmediatorin und vertritt in der viadee den Kompetenzbereich Soft-Skills.

Claudia Simsek-Graf
Senior Beraterin viadee Unternehmensberatung AG
Konrad-Adenauer-Ufer 7
50668 Köln
Tel.: 0221 - 788807262
Mobil: 0176 - 20636775
claudia.simsek-graf@viadee.de

Phil Stauffer

Storyteller und Big Picture Zeichner: Phil Stauffer hat in großen Agenturen Konzepte entwickelt, als Kopf der Kreativen Mitarbeiter geführt, Kampagnen präsentiert, Pitches gewonnen und Pitches verloren, erfolgreiche Stories getextet und gezeichnet, hat auf Kongressen das Big Picture für die Teilnehmer entworfen, sich im Design Thinking zum Master schulen lassen und folgt dem Prinzip: wenn du etwas sehr gut kannst, werde wieder Schüler in einer neuen Disziplin. Stauffer lebt mit Frau und Standup-Paddle in Berlin.

Phil Stauffer | creating skills
An der Filmfabrik 6
12555 Berlin
Tel.: 030 - 286 56 65
Mobil: 0151 - 64960113
www.philstauffer.de
www.facebook.com/
heilbuttimpro/

Eva Ullmann

Eva Ullmann hat in Leipzig das Deutsche Institut für Humor® gegründet. Gemeinsam mit Katrin Hansmeier entwickelt sie seit über 15 Jahren kreative und humorvolle Trainingsformate. Die Humorexpertinnen sind unterhaltsam und können gleichzeitig ernsthaft erklären, wie Humor funktioniert. Sie sind der festen Überzeugung, Humor ist trainierbar. Egal wie viel Begabung vorhanden ist (oder eben nicht). 2018 haben die Beiden das Buch „Humor. Das Manifest für verzögerte Schlagfertigkeit" herausgebracht. Außerdem sind Hörbücher sowie diverse Artikel und zahlreiche Interviews in Fachmedien veröffentlicht worden.

Eva Ullmann
Humorinstitut
Feuerbachstraße 26
04105 Leipzig
Tel.: 0341 - 4811848
info@humorinstitut.de
www.humorinstitut.de

Sabine Venske-Hess

Sabine Venske-Heß trainiert und coacht seit über dreißig Jahren Trainerinnen, Ausbilder und Führungskräfte in deutscher und englischer Sprache. Eine Lernarchitektin, deren Herz für die Arbeit am MindSet schlägt. Vor mehr als fünf Jahren entdeckte die Online-Skeptikerin, dass Nähe auch in virtuellen Räumen herstellbar ist, wurde zur Blended-Learning-Designerin und zum Remote-Fan. Gemeinsam mit Jürgen Schulze-Seeger leitet sie die BRIDGEHOUSE Trainer Academy. Seit über 10 Jahren lebt die Mutter zweier Jungs wieder in ihrer Geburtsstadt Berlin.

Sabine Venske-Heß
BRIDGEHOUSE
Auguststraße 85
10117 Berlin
Tel.: 0151 - 11644530
s.venske-hess@
bridgehouse.de
www.bridgehouse.de

Caroline Winning

Diplom-Psychologin, Integrale Struktur- und Organisationsaufstellerin, ausgebildete Trainerin für Gewaltfreie Kommunikation und Beraterin für Integrales Handeln. Ihr Wirken ist ausgerichtet darauf, integrales Denken, Fühlen und Handeln zu fördern. Dazu begleitet sie Organisationen in ihren Transformationsprozessen mit den Schwerpunkten bewusste Kommunikation und Konfliktklärung, emotionale Kompetenz und integrale Führung. Zudem coacht sie Einzelpersonen auf ihrem persönlichen Entwicklungsweg in Krisen und Veränderungen.

Caroline Winning
Integrale Entwicklung von
Mensch & Organisation
Wilhelmshavener Str. 14
10551 Berlin
Tel.: 0175 - 3454364
mail@carolinewinning.com
www.carolinewinning.com

Yvo Wüest

Yvo Wüest ist Trainer für Didaktische Reduktion. In Fachbüchern, Trainings und Onlinekursen zeigt er, vor welchen Herausforderungen Personalentwickler, Trainer und Verantwortliche betrieblicher Aus- und Weiterbildung heute stehen. In der Schweiz und international unterstützt er Bildungsfachleute, auf den Punkt zu kommen. Damit Lernende und Studierende leichter Zugang zu komplexen Inhalten finden.

Yvo Wüest
Unterlöchlistrasse 37
CH-6006 Luzern – Schweiz
Tel.: 0041 - 787118436
yvowueest@hotmail.com
www.didacticalreduction.com
Blog: didacticalreduction.com

Erich Ziegler

Erich Ziegler setzt seit über 25 Jahren Spiele in seinen Seminaren zur Freude der Teilnehmenden mit großem Erfolg ein. Sein Spielebuch hat 5 Auflagen erlebt und viele Spiele daraus sind ebenfalls onlinefähig. Er lebt mit seiner Frau in Köln.

Erich Ziegler
Hebbelstr. 52 B
50968 Köln
Tel.: 0221 - 8004585
Mobil.: 0163 - 8844636
erich.ziegler@koeln.de
www.teamentwickler.eu

Mehr Trainings-Know-how im Querformat

Andreas Gebhardt
101 Impulskarten zur Entwicklung der Organisationskultur
für Trainer, Berater und Coachs

ISBN 978-3-95891-071-3
240 Seiten, 49,90 Euro
Infos: www.managerseminare.de/tb/tb-12047

Margit Hertlein, Gaston Florin
Wunderbar
120 interaktive Publikumsübungen für
Redner, Speaker, Präsentatoren und
Moderatoren auf der Bühne

ISBN 978-3-95891-033-1
288 Seiten, 49,90 Euro
Infos: www.managerseminare.de/tb/tb-11960

Jörg Friebe
Reflektierbar
100 Reflexionsmethoden für den
Einsatz in Seminar und Coaching

ISBN 978-3-95891-015-7
240 Seiten, 49,90 Euro
Infos: www.managerseminare.de/tb/tb-11706